JN175292

宮内庁書陵部編

圖書寮叢刊

九条家歴世記録　五

菊葉文化協会　発行
明治書院　発売

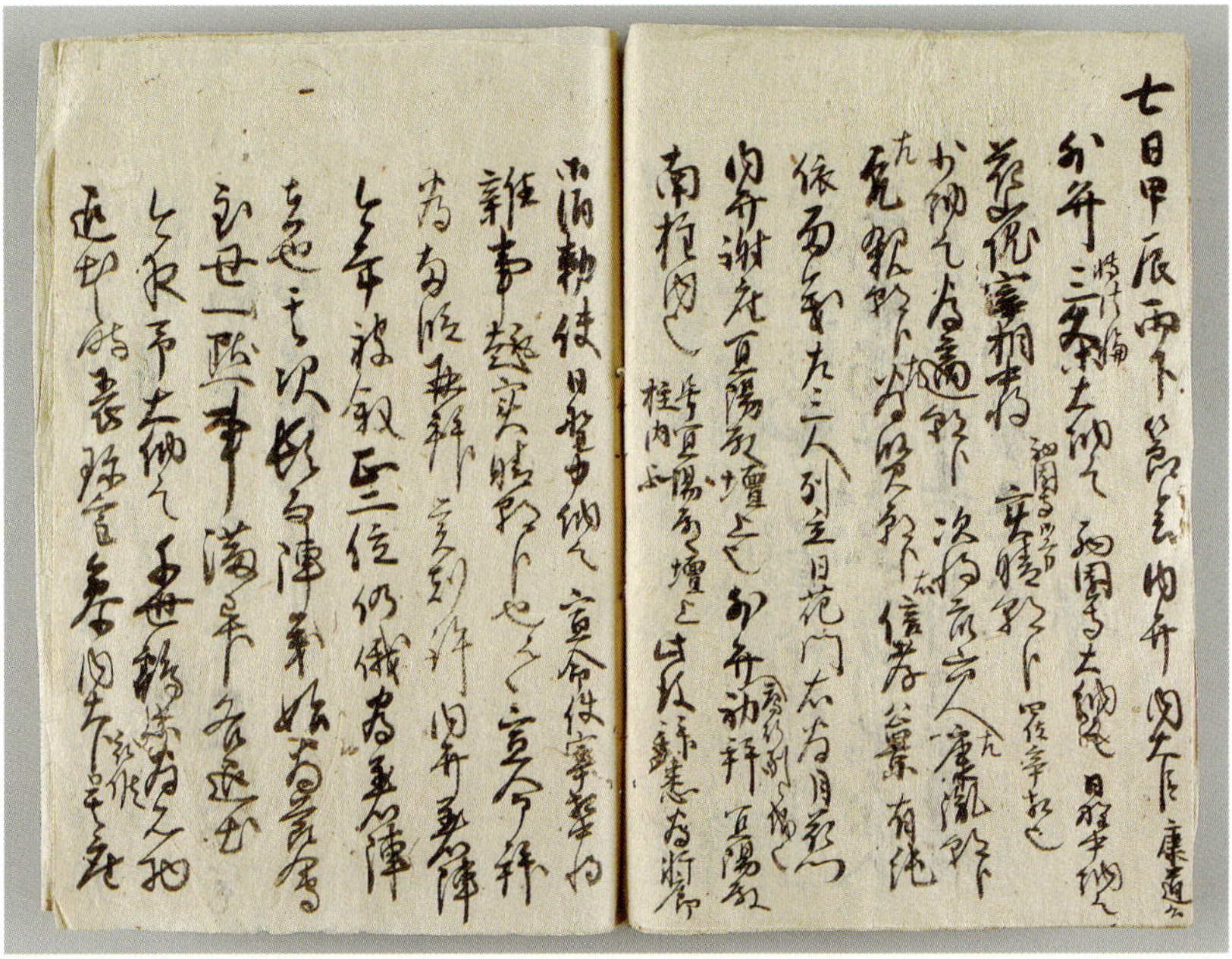

幸家公記　元和八年記（正月七日条）

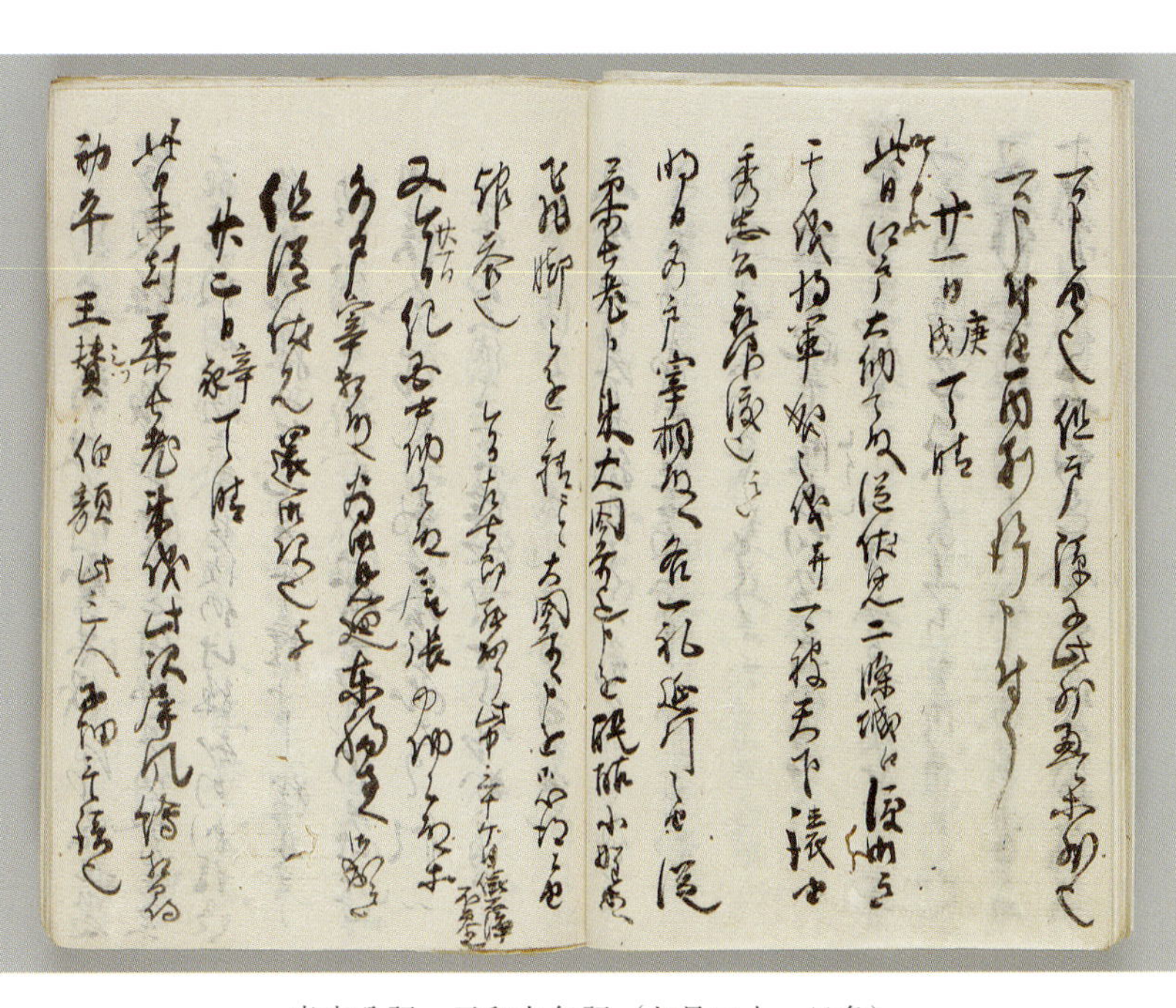

幸家公記　元和九年記（七月二十一日条）

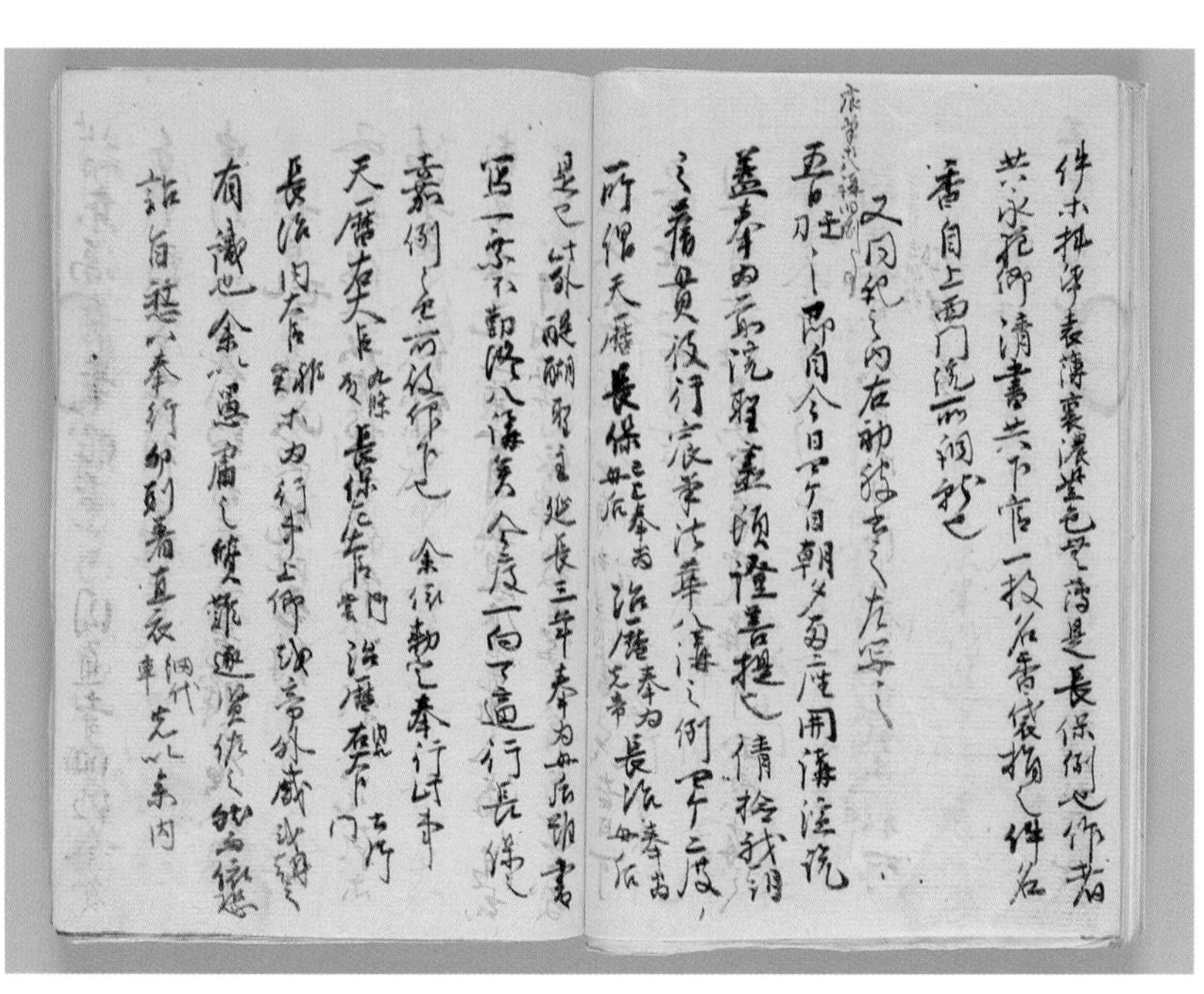

幸家公記　元和九年記（八月六日条）

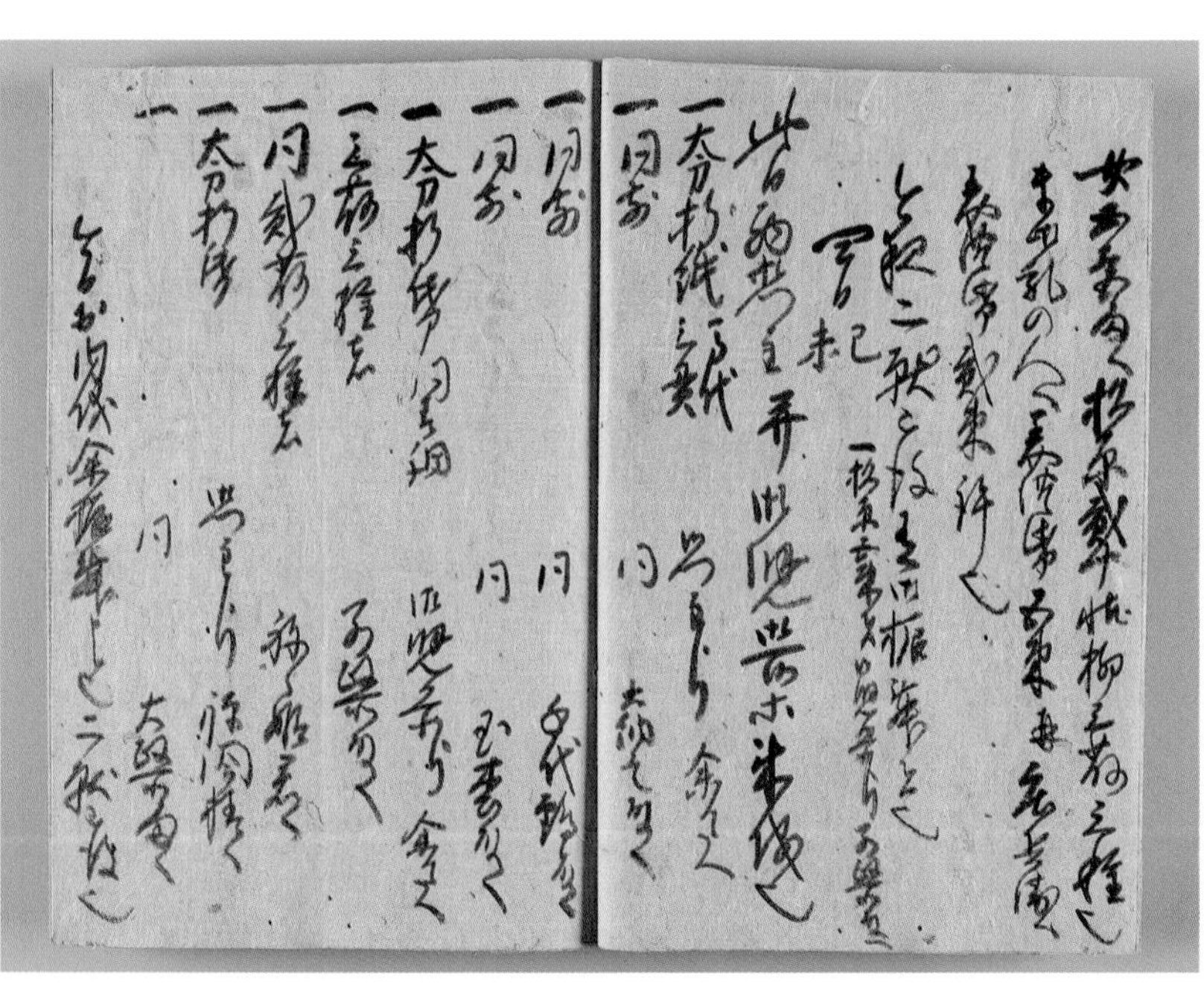

幸家公記　寛永元年正月記（四日条）

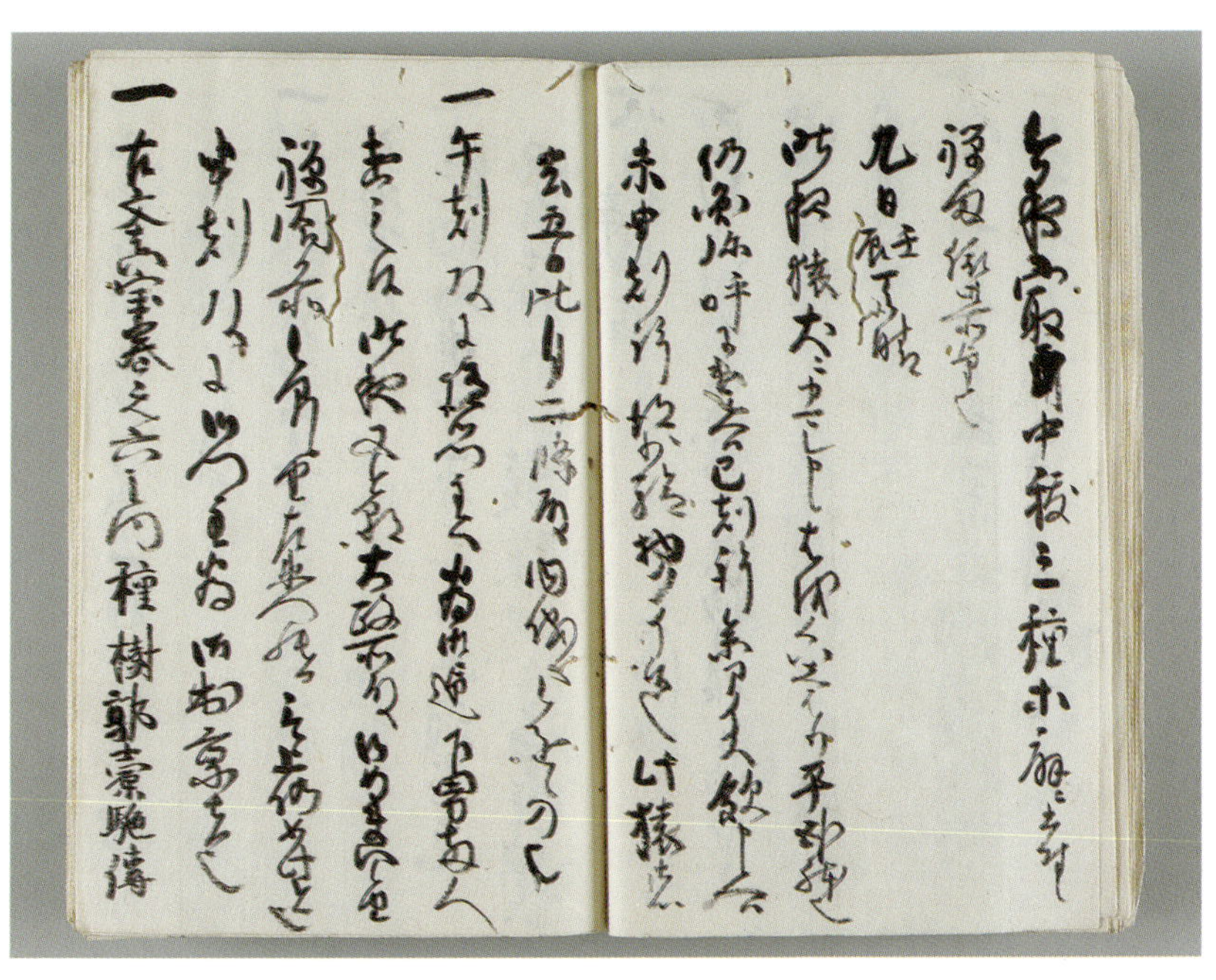

幸家公記　寛永元年六月記（九日条）

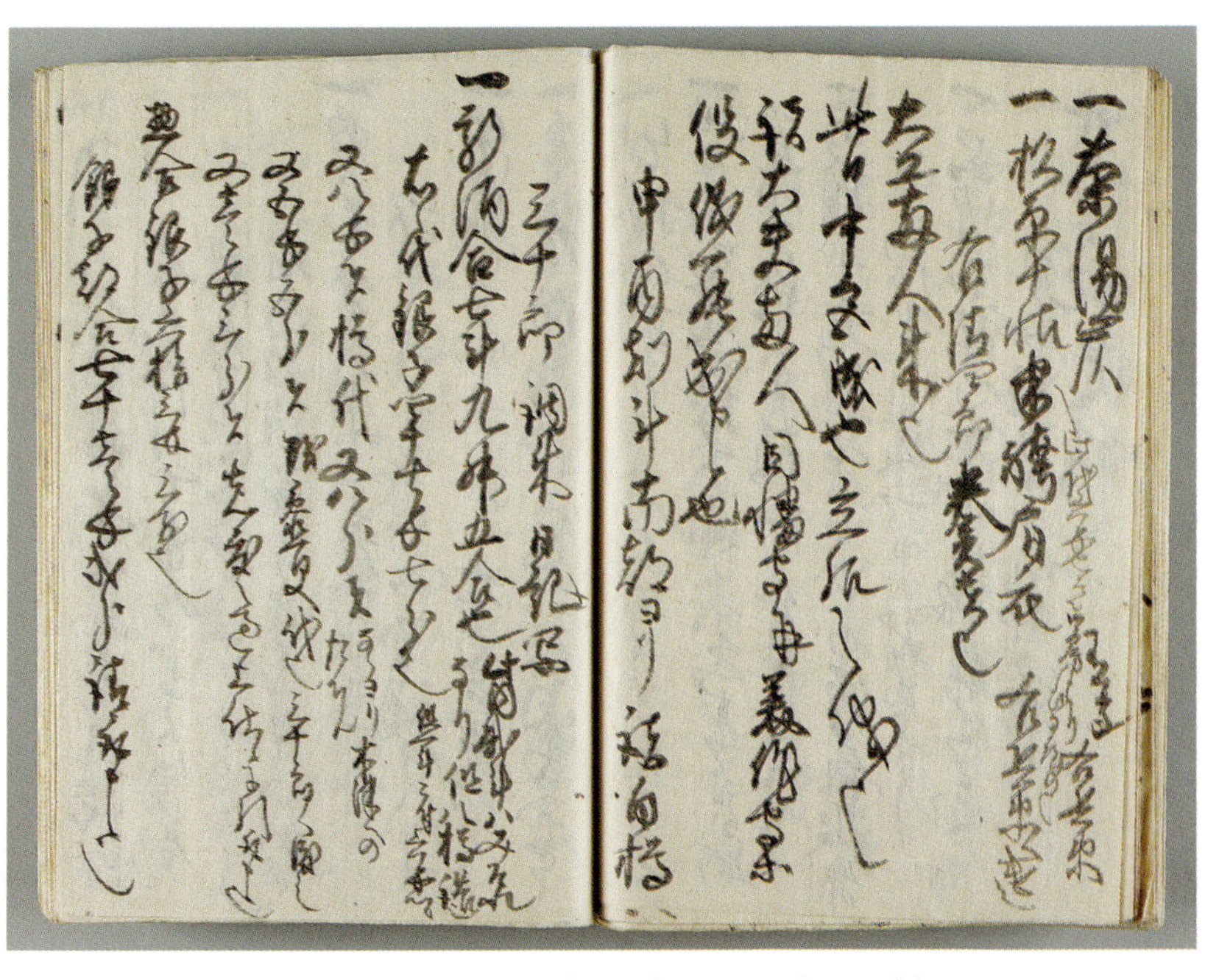

幸家公記　寛永元年冬記（十一月二十八日条）

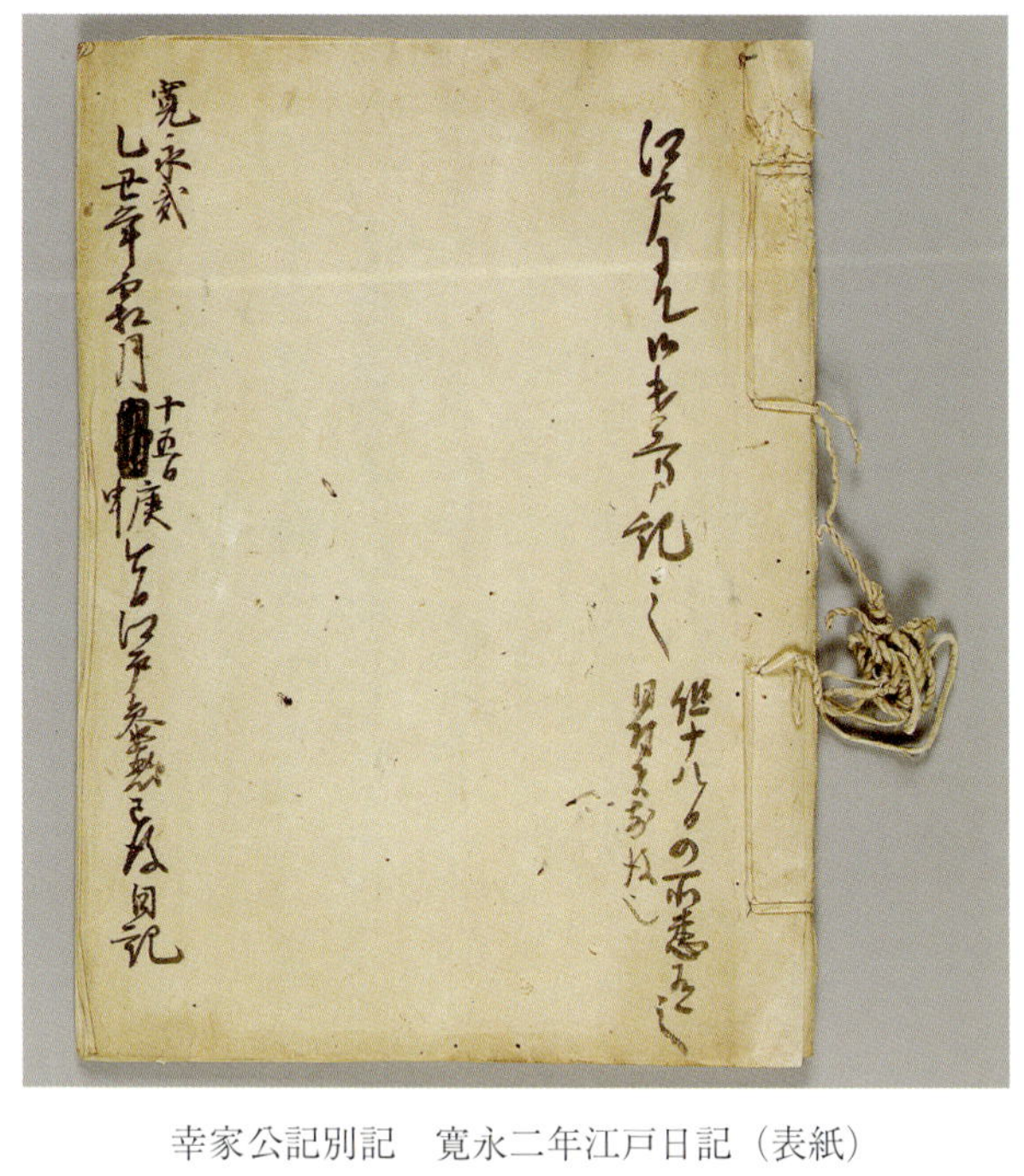

幸家公記別記　寛永二年江戸日記（表紙）

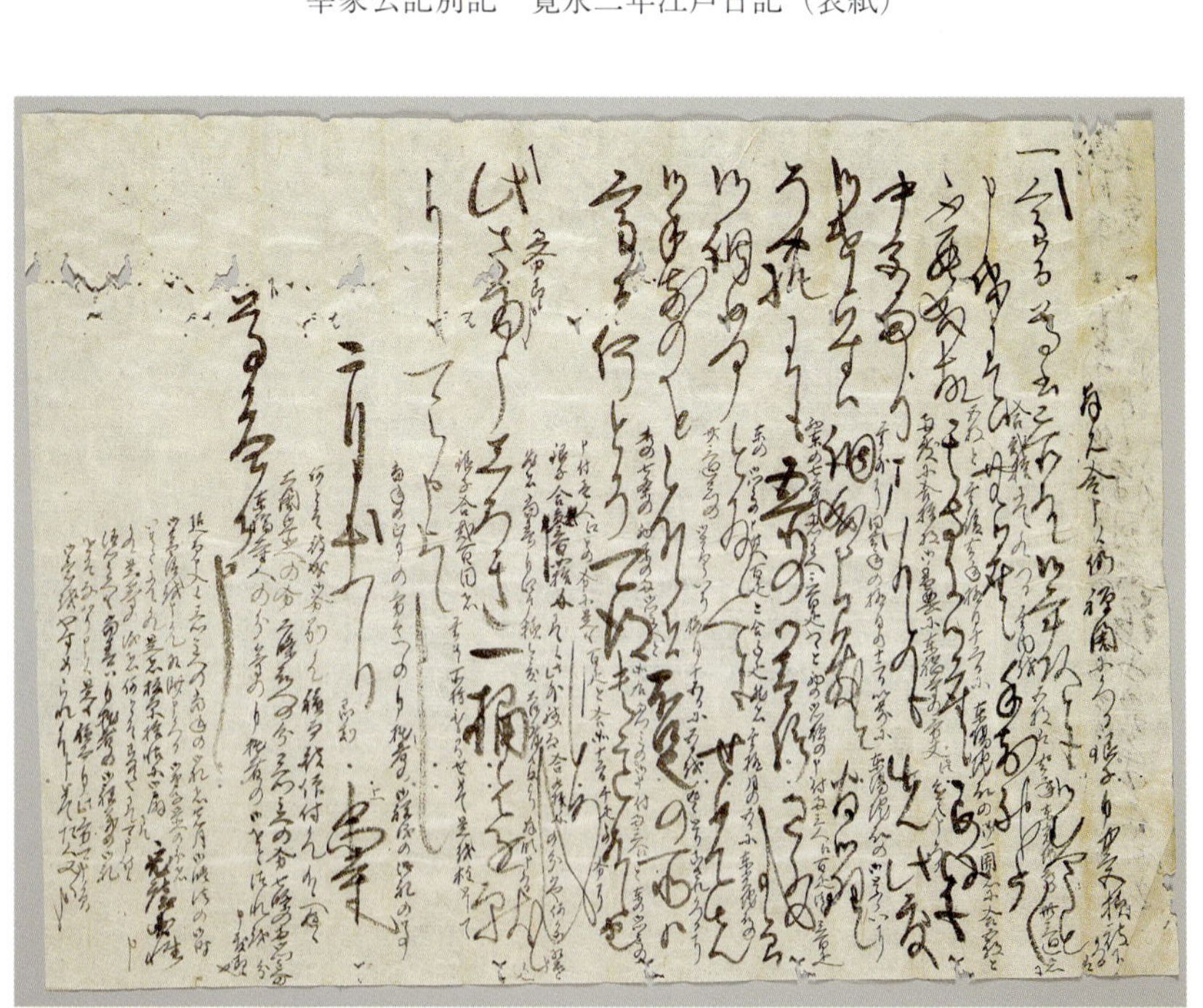

幸家公記別記　寛永二年江戸日記（付属文書）

目　次

図版

凡　例

一、図書寮叢刊は、書陵部蔵書群の内、歴史・国文その他の資料的価値の高いものを逐次翻刻出版するものである。

一、本書の題字は、慶長勅版『日本書紀』および『職原抄』より集字した。

一、本書は、『九条家歴世記録　五』として、九条家本の内より次の七冊二通を収めた。

幸家公記（函号九・五一八四）　元和八年記　正月

　　　　　　　　　　　　　　元和九年記　七月～九月

　　　　　　　　　　　　　　寛永元年記　正月

　　　　　　　　　　　　　　同　　　　　六月

　　　　　　　　　　　　　　同　　　　　十月～十二月

覚書（函号九・五二九一）のうち　寛永二年記　八月～十月

幸家公記別記（函号九・五二九二）　同　　十一月江戸日記

　　　　　　　　　　　　　　　　付　文書二通

一、改丁の箇所には」を付し、標出に(1オ)(1ウ)のように表記した。

一、字体は特殊なものを除き、常用漢字を用いた。また異体文字や略体文字は正字に改めたものもある。

一、翻刻に際し、次のような記号を用いた。

(イ)塗抹文字で判読できるものは、原則としてその文字の左傍に見せ消し記号ミを付し、訂正された文字は右傍に記した。判読できない場合は、その字数を推定し、▨で示した。

(ロ)文字の摩滅虫損等により、判読困難な場合には、その字数を□で示した。また行間については、（〇三行分余白）などのように注記した。

(ハ)割書の割書は『　』内に入れ、他と区別した。

一、校訂による人名注等は、基本的には通行名とし、原則として各月の初見箇所に注記した。また校訂者による注記は、（　）内に入れた。

一、人名注において記主とその息男二人については、改名後の九条幸家・九条道房・松殿道昭に統一した。ただし標出は本文当時の呼称に従っている場合がある。

一、文字の補足や訂正については、原則として各月の初見箇所に〔　〕内に入れて注記した。

一、本文中に適宜、読点および並列点を付した。

九条幸家

幸家公記（元和九年七月〜九月）

（1オ）

元和九年癸亥初秋、毎日之儀記之、

○九条幸家本年三十八歳、関白従一位

七月

朔日、庚寅、朝間曇、巳刻より甚雨、

豊臣完子振舞

巳刻瑞竜寺殿（日秀）来儀、於内儀有振舞、（豊臣完子、九条幸家室）

瑞竜寺殿への進物銀子

一、銀子五枚者　瑞竜寺殿へ

又内衆すそわけ分

米

一、米壱石者　妙蓮へ

一、同弐石者但年頭返礼旁也、　善正寺へ」

（1ウ）

帷子

一、帷子壱つ者こいあさきの小文五所文の也、　辻長右衛門へ

一、同前あさきの五所文也、　九郎左衛門へ

同刻くし弐つい者（三くし・二くし）此内少マキエノト白木地ト也、　加兵衛（ぬしや）進上

一、同刻本多中務（忠刻）より昨日為謝礼、使者松下河内守（元綱）也、長也、

一、松平右衛門（正綱）より昨日使者遣候礼状来候、

一、おり筋の単幷あさきの小文の帷子壱つ者（壱重分）　堀川侍従（信親）殿より

右今度堀（堀河康胤・信親）父子金子壱枚拝受、スソ分也云々、」

（2オ）

一、染帷子五所文（アサキ）壱つ者　一安へ

一、同前　久安へ

一、白さらしの帷子壱つ　長講堂長老へ

一、同　金剛珠院へ

中刻唐橋（在村）来儀、午刻橋本（実村）来儀、酉刻極﨟（壬生忠利）来儀、

二条殿（康道）より東坡注本七八壱冊返弁候也、」

（2ウ）

一、壁ぬり壱人来、但未刻より也、

一、大工拾人参候、但請取内也、

塗師屋より櫛進上

二条康道より東坡注本返却さる

一、日庸（傭）壱人参候也、

二日、辛卯、雨降、申刻晴、

一、午刻許、召長老（業陰玄召）来儀、此単唐島壱つ・白さらし壱つ、スソ分トテ遣候、

一、未刻許、柔長老（剛外令柔）来儀、ねり島の単壱つ・帷子白さらし壱つ、スソ分トテ遣候、

一、同刻土井大炊頭（利勝）（助）より銀子五枚・帷子拾之内単物三・塩雁弐十来也、」

（3オ）

一、同所より紅花百斤・五斗樽弐つ・白鳥弐羽、若政所殿（豊臣完子）へ也、又つほねへ単物ふたつ、綾島染物・かた紫の也、

大工拾弐人者

三〻日、壬辰、天晴、関白辞退之事、

辰刻三条西大納言実条卿来儀、当職辞退之事也、

仰旨、辞退之儀諸事武家御所次第事候間、秀忠（徳川秀忠）公江可申理由也、」

（3ウ）

一、巳刻瑞竜寺殿より桶樽壱荷幷二色さは・昆布等也、明昼御出候故也、新書院座敷、当月祝義等申入候事也、

三〻日〻、壬辰、天晴、

一、蠟燭弐百挺幷白鳥壱羽　安藤帯刀（直次）より

塩雁

紅花
五斗樽
白鳥
肩紫

関白辞退の事

鯖
昆布

白鳥

一、大樽壱つ者　　丹波守(北小路俊臣)よりのスソ分
　　　　　　　　きい進上

一、大工拾六人也、

一、壁ぬり壱人来、

一、日庸壱人遣候、」

(4オ)

一、ほしいひ弐十袋者　板倉周防守(重宗)との へ　　干飯

右以兵部(朝山吉信)為使者、其儀関白辞退之儀也、先日以実条卿、辞退之事主上(後水尾天皇)へ御　　関白辞退の儀を幕府に打診

理申候へハ、武家御所さま へ御理可申入由　仰也云々、仍此義周防守方へ、

大炊助方 へも被申候て給候へ と申遣候へハ、心得申旨報答也、

一、此日昼大工ともに振舞申候也、」

(4ウ)

四日、癸巳、天晴、

巳刻生鱸壱つ　細川越中(忠興)殿より使者也、　　生鱸

同刻大樽南都壱荷者　頭弁(烏丸光賢)殿より

瓜壱籠廿計者　清六より

同三十者　はうせん(う)ゐん殿(芳招院、二条昭実室)より

二条殿の宮内より（朝山幸綱） 鱸壱つ者

二条殿より 鯉弐つ并御年酒樽壱つ者

大工拾六人遣候、」

日庸参人遣候、

本多美濃守殿へ（忠政） 生鱸壱つ

(5オ)

五日、甲午、天晴、

一、大工八人遣候、

一、杉原十帖・白さや壱端者 六条持参（有能）をか殿孫也、（久我通堅女）女院御所すへ殿息ヲ猶子也云々、（中和門院、近衛前子）

一、同董（マヽ）衣衣香五袋者 老父同人進上云々、（九条兼孝）

一、同大ちやわん者 老母進上也云々（高倉熙子、九条兼孝室）

一、方違之事、薫衣香五袋者 此夜方違也、藤右衛門佐子息達へ音信也、（高倉永慶）『藤右衛門者依所労不謁之、両息被罷出候也、』」

「中あらかたよせ候てまつ此分かと存候、（以下九行、第五丁内入紙）

一、四百七拾目ほとか おほへ さいもくノ分

一、▨百弐拾五匁ほとか 戸しやうしノ分

鯉

薫衣香

方違

作事用途の覚 材木

戸障子

釘

一、六拾五匁ほとか　くきノ分

一、弐百五拾目ほとか　大工ノ分　人かす百六七十か存候、

一、五拾五匁ほとか　石なわあんか分　よろつニ使申候か存候、

一、三拾八匁ほとか　日用共

一、弐拾四匁　つちとも

以上合壱貫弐拾七匁か」

(5ウ)

六日、乙未、天朝間晴、巳刻陰、未刻雨降、

瓜

一、瓜籠壱つ二十歟、三十入歟、　宝厳院(空雄)持参(九条道房)忠象卿謁之、

一、同弐十者　東寺の上綱進上也、

高宮帷子

右上綱へ帷子たかミや壱つ遣之、但去年者美濃紙也、

一、黒ぬりの団壱つ者　忠象卿御乳取次也、きふ屋のいぬ進上也、

秀忠大坂へ下向す

「大坂へ武家御所様今日御下向也、御下向ニ付、諸家御見舞、大坂へハ禁制之由三条西大納言実条卿使者也云々、付随門主(増孝)へも此旨可申進由也云々、」

(6オ)

一、さうめん拾五わ者　寺町ひのくち進上也、

元和九年七月四日に二条城にて官人等拝領の覚

一、さうめん拾者々　寿伯進上

元和九年七月四日ニ二条ノ御城ニテ拝領之覚

単物帷子四つ・銀子拾枚者　木村越前

同前　同　速水長門（光益）

同前　同　速水安芸（良益）

単物帷子五つ　河端佐渡（通代）」

（6ウ）

単物帷子四つ・銀子拾枚者　立入河内（康善）

単物帷子五つ者　大外記（押小路師生）

同前　官務（壬生孝亮）

単物帷子同前　山形右衛門尉（宗頼）

同　世続左衛門尉（重尚カ）

同　松波庄九郎（資久カ）

同　武田兵庫

同　出納豊後（平田職忠）」

同　同将監（平田職在）

同　土山駿河（武久）

同　勢田豊前（〔多〕治卿）

同　調子越前（武村）

同　同主膳（武永）

同　同将監（武清）

同　同玄蕃（武信）

同　土山将曹（吉武）」

同　村雲備前（信一）

（7オ）

（7ウ）

御随身分

御随身御礼分

土山駿河守御礼衆単物帷子五

調子越前守同　同筑後守（武通）同　同主膳同

同玄蕃助同

元和九年六月十五日御礼不申候、

○土山将監（武慶）　三

調子将監単帷子　（元和五年ノ御礼ニモ拝領仕候、
三上将曹(重益)同
土山将曹同　調子右京進(武光)同」
元和五年ノ御礼ニモ拝領仕候、
調子府生(武元)　同左近将曹同
村雲備前　小野左近大夫(武成)

(8オ)

右十四人者、前々ヨリ御礼申来候、
又今度始テ御礼申候分
鈴木壱岐守(長房)同　村田因幡守(武次)同 光継
小野主馬頭(元清)同　土山玄番助(玄蕃頭清忠カ)
○村雲采女正(信定)　○村雲右京進
元和九年者可申候、　元和九年者可申候、
元和九年六月十五日ニ於二条御城御礼申上候、則」七月四日ニ単物二・帷子

(8ウ)

三、御城へ致祇候、拝領仕候、
松平越中守(定綱)殿
板倉周防守殿
右同年初秋六日乙未、調子越前懐中一覧次写留之了、

調子武村の覚を書き留む

一一

大工八人遣候、此日書院北縁艮方六畳、其西四畳半間取はなし、同南柱壹本取除候、引物引候也、（書院と隣接の間を取り離す）

此日ス、ヲ調子越前持進来、二条殿知行所ニテ申付了、」

（9オ）

小引（木歟）昨今壱人つゝ来、

七日、丙申、天晴、申刻陰、

大工七人来遣候、

筆拾対者　兵部取次也、くまゐ丹波進上

あさきの帷子五所文壱つ　同人へ返報遣之、

同前帷子壱つ当年春比文挟はり進上（信濃小路為重）因州取次久済へ遣候、

同前者　ぬし屋九郎兵衛へ

ちやわんの台朱ぬり壱つ　同人進上」

（9ウ）

一、団マキエの也、壱つ　かう阿弥せいふ進上

帷子壱重アサキ五所文白さらしの也、同人へ返報遣之、

一、をふと五そく者　後藤少将持参

帷子壱つ者五所文の也、かき染也、同人へ返報

緒太

青銅
鱧
大工骨折分の覚

一、青銅百疋・はむ二連許　二条殿より御祝義也、

大工ともに　ほねおり分遣覚

白さらしの帷子壱つ者　浄閑へ

あさきの五所文帷子壱つ者　与兵衛へ」

こんの五所文帷子壱つ者（茶）　四郎兵衛へ

銭五百文者今日七人来内也、　大工五人中へ遣之、

（10オ）

徳川和子へ七夕礼物の覚

女御様（徳川和子）へ七夕礼物ともの覚

杉原三十帖者　女御さまへ
此内壱束拾壱匁のを因州取次かい申候也、

同十帖・薄帯壱筋者　権中納言殿へ
但六匁の也、左衛門督取次也、

同前者　江戸の小大夫とのへ

杉原廿帖者　摂津守（弓気多昌吉）へ

右淡州使者申付進候、（信濃小路宗増）　帷子壱重拝領仕候也、」

（10ウ）

鰹

一、かつ魚三連者　庄左衛門進上

鯛鮨

一、鯛のすし桶壱つ者キイニ言伝られ候、　小大夫殿より

一、今夜二条殿来儀也、

歯黒目

一、此夜はくろミ戌刻許也、

八日、丁酉、天晴、

一、此日大工五人来遣候、

一、帷子五之内単物ふたつ、綾島・おりすし　一、アサキ葵丸　一、かき五所文　一、小文こいあさき

一、同前数之内単ふたつ之内、綾島小かうし・くち葉の五所葵丸地ねり　一、カキ五所文　一、アサキ五所葵丸」コイアサキの小文

(11オ)

一、単物壱つ・白帷子壱つ者　北野のしゆせいへ

　右雲光院（阿茶局）幷神尾刑（守世）部等へ音信者也、使者因幡遣了、

一、あさきの帷子壱つ者　同かミトミこへ

瓜贈答

一、瓜五十者　北野しゆせい持参也、

一、瓜壱籠者弐十許也、　大乗院殿（信尊）より因幡御使者、

一、同弐十籠入者　金剛珠院

(11ウ)

一、又昨日観智院（亮盛）より籠入弐十者、以使者音信也、」女御様へも進上申度由、案内者、使者次淡州中殿迄、使者一礼申也云々、

梅雨明け

九日、戊戌、天晴、未刻末程雷雨甚也、

今日つゆのあかり候歟、

書院改装す

此日大工五人、書院のためとも幷こかへ所のしきミかもゐ四つ計歟、又十五畳敷迄十七畳敷との間の上のこかへをとし候て、ふちうへのかたにうち申候、ふたえひしの用意少々此ふち先迄分」仕候也、

(12オ)

御八講人数の書付を内見す

雷雨以後勅使三条西大納言実条卿・頭中将季俊朝臣(正親町)等両人来、仰云、来御八講之儀也、

上卿　左大臣(近衛信尋)

伝奏　中御門大納言(資胤)

奉行職事　季俊朝臣

行事弁　光長(竹屋)」

(12ウ)

右四人之書付被出候也、

仰旨尤由令　勅答了、

十日、己亥、天晴、

書院の欄間等を誂う

（大工四人朝から是ハ書院十五畳与十七畳間、かもゐの上のふたえひしのくみ物仕候也、
又昼時分ヨリ両人大工来、とひのこしらへ也、合五人の候歟、）
此といは、殿東の軒の用意也、

瓜三十者　　　辻長右衛門内義

同五十者　　　藤堂泉州（高虎）より」

両親来る

此日両親渡御、於書院有配酌之事、夜半迄、

（13オ）

十一日、庚子、天晴、

大工六人来、七人也、七ミ七人　此内三人者、書院二重ひし両三人内義のとい

白さらしの帷子壱つ者　　予謁之、勝西堂（俊甫光勝）へ

同前者　　予謁之、光西堂（舜岳玄光）へ

瓜五十者　　　二条殿より

息男等家光上洛見物のため随心院へ赴く

午刻小野江忠象卿・千代等（松殿道昭）御越候、其子細者明日江戸大納言殿（徳川家光）伏見へ御着之由也、

為其見物」随門主より使者参候て被参候也、

（13ウ）

銀子六十四匁者、去年右御両人、小野へ初而被参候、樽代青銅弐百疋のと今日同前、拾六匁五分、昨日銀子十枚庄五郎へ渡置候内ヲ、今日弥兵衛供ニテ相渡候へと申付候也、忠象卿・

千代等去年与今日二百疋つゝ代銀子也、

一、鯉壱つ者　　　鷹司右大将殿(教平)より

一、此日といトモ新調、書院幷殿の東軒等七つ分歟、当座かい五左衛門かい来候、是又庄五郎昨日十枚之内相渡候へと申付候也、

書院殿舎の建具等を新調す

一、書院北障子幷又ふすま障子少々出来申候、五左取次、」

（14オ）

一、今朝辰時、樋口少将信孝　迄(せゝ)江戸若公大納言殿御向に進候、

樋口信孝家光迎えに近江国膳所へ参る

薫衣香拾進物也、

五之内単ふたつ帷子三つ　　　酒井雅楽頭(忠世)へ

同前　　　安(阿)部備中(正次)へ

右樋口(信孝)へ式部相添遣候也、

一、日庸九人歟、此内四人者此御所にて遣候、壱匁五分つゝ、又三人者、小野へ輿物之内歟、此三人因州申次程如何、両人壱匁六分、樋口輿之内也、

一、此日若政所殿ヨリ米弐石者、随門主へ、音信約束云々、」

（14ウ）

一、大将殿(鷹司教平)よりの鯉、頭弁へ、以作州(山本慶泰)為使者也、

一、三日以前比、諸白壱荷七升入程の也、道安(武田信重)進上也、

智忠親王を後水尾天皇猶子とする事

一、若宮宣下之事、八条殿(智仁親王)ヨリ宮内使者(生島秀盛)、若宮(智忠親王)之儀　主上御猶子御約束相調候、然者宣下之儀、公方様可被仰候へ共、御六ヶ敷事候間、以御心得相調候様ニとの事也、報答、当職辞退申候間、旁以思安〔案〕申、重而返事可申由申了、淡州使者也、

一、璘西堂(玉峰光璘)取次、茶子代物庄五郎手前ヨリ相渡了、先日の事也、」

(15オ)

一、大納言殿伏見迄御上洛、明日明後日不定云々、

十二日、辛丑、天陰、夕立両三度許、

瓜壱籠　　妙観院以使者進物也、

杉原十帖者　　服部主膳持参也、

天野樽

一、塩雁ふたつ・スルメ拾連・昆布・天野樽壱つ　　瑞竜寺殿へ以庄五郎為使也、

一、塩雁三つ・スルメ拾連・昆布五束者右使者　　二条殿江以因州為使者、

書院普請完了

大工七人来、未刻迄仕候て、書院悉出来申候也、トイ以下タメトモ出来也、

右二条殿への使者因州へ帷子壱つ被下候也云々、但私進上度々御返報也云々、」

(15ウ)

十三日、壬寅、天陰、

此日日庸参人遣候也、

一、米五斗折紙、兵部へ遣之、意斎三廻忌正命日也、仍遣之了、先日八日ニ時進上旁遣了、（朝山久綱）〔斎〕

畳さし

一、辰刻畳指三人来、書院北古畳四畳半仕候、此内四畳者更指、半者表替計也、

一、塩雁壱つ者但廿之内ヨキ内也、　内義へ進候、

一、帷子弐つ者白さらし あさき五所文　円弥へ遣候、
幷内義ヨリたかミや帷子壱つ遣也、

香薷散

一、団壱つ幷香薷散廿服　同人持参」

（16オ）

十四日、癸卯、天晴、右少黒也、少間房遣了、

信濃小路宗増当番に不参

此日雖為当番少用と候て、淡州不参也、

一、五之内単二帷子三・馬代銀子壱枚者　青山伯耆守殿へ（忠俊）

一、同前　同　安部修理殿へ（政澄）

一、同前　同　酒井讃岐守殿へ（忠勝）

一、帷子三つ者　吉良侍従殿へ（義弥）

一、帷子ふたつつゝ六つ者　備中衆勝右衛門・五郎右衛門・三郎右衛門三人へ
右以因州為使者、右之内伯耆守計被謁也、」

（16ウ）

干鱈切麦

一、諸白樽壱つ・ヒダラ拾枚・キリムキ三重者

右瑞竜寺殿より使者也、

一、ほしいひ参十袋者　　細川越中殿へ

右以作州為使者了、

一、土井大炊助方へ関白辞退之儀、書状遣了、

関白辞退の旨を土井板倉に伝う

一、又板倉防州へ同辞退之儀申遣、此次武家御所さまへ団拾進献、談合以兵部申遣、

但持せて先進候也、」（17オ）

一、箱入扇弐本者　　下かき屋老者の事也、

一、大樽壱荷并切のしの箱壱つ者　　（阿茶局）一位殿の内ぬい兄弟　きい進上

一、五之内単物三帷子ふたつ　　（輝資）日野唯心へ今夜嵯峨へ参候也、煩故逗留也云々、

一、帷子ふたつ白アサキ五所文　　二尊院長老へ

一、同前　　同西堂へ

二条昭実正命日により二尊院に詣づ日野唯心私宅に赴く

右後中院殿（二条昭実）正命日故、二尊院へ申刻出門、戌刻過大覚寺殿（尊性入道親王）門前迄参着、唯心私宅也、有配酌事、以後次二尊院へ夜半時分参了、」（17ウ）大門主（尊性入道親王）唯心私宅へ渡御候故、小時言談申候也、於二尊院有振舞、帰京時分夕立甚雨也、帰京刻暁鐘

鳴、其儘夜明了、

十五日、甲辰、卯刻許三条セト物町ニテ、大納言殿御上洛令見物了、御供安部備中守一番ニ御輿前、騎馬也、辰刻許歟、

家光の上洛を見物

一、団黒ぬり壱つ者　勘七持参也、

一、美濃紙弐束遣了、　同人へ折々少々進物故遣之、」

一、扇三本悪の也　宗印持参

(18オ)

午刻昼寝申候へハ、細川越中殿被参候とて目覚、但門外より被帰、被申置候也云々、

昼寝

一、たはこ一折者　かう阿弥せいふ進上

煙草

一、はいうちまきゐの壱つ者　道弐持参也、

一、もんめんのこん染たひ壱束者　小少将兄進上

木綿紺染足袋

一、帷子壱重こいあさきの小文に五所文あさき五所文　今日礼参候間謁之、於御前遣之、紀伊守へ（渋谷与兵衛以重）（シブヤ）又子息にも重而可遣之者乎、（渋谷三郎右衛門）」

右前月公家衆振舞之時参候間、旁以遣之、

(18ウ)

一、綾小路（高有）来儀、余謁之、

一、玄哲（有馬）播州形部〔刑〕卿ノヲイ也、

一、橋本幷伯侍従（白川雅陳王）一度来儀、唐橋等也、

一、官務　　魚屋進上也、

一、ゴンギリ五十本、一、昆布三束、指樽壱荷　宗五息　玄哲持参也、

一、香薷散五十服

ごんぎり　指樽　香薷散

一、昌琢（里村）・昌現（里村）等来儀、

一、まめ豆白一折　梅進上」

（19オ）

一、平松来儀、入夜也、秉燭、

運心廻向之事、

一、此夜参禅閤御所（九条兼孝）仰云、或時言談、運心廻向ト云事アリ云々、神道遥拝

同前也ト被仰候間、運心ト云事歌ニ詠可申候哉、同事なから心ヲ運フトヨミ可申

事候哉と御尋申候ヘハ、尤由仰也、此次仰云、林鐘トヲハヤシノカネトハ不

可然由、無言抄有之云々、雖然運心トハ林鐘ニハ相替テ苦ケ間敷哉と仰也、

又御尋申云、運フ心トハ同事ナカラ、不可然候ハん哉と申候ヘハ、尤由仰也、」

運心回向ということを和歌に詠む

（19ウ）

十六日、乙巳、天晴、

一、帷子壱つ小文上の也　太兵衛ヘ遣之、

一、大樽壱荷・塩雁五つ・ほしいひ弐十袋者　八条殿へ今日参候、持遣也、

屏風

一、屏風一双者　日野唯心持参也、又馬代銀一枚、

又紙等持参也、

十七日、丙午、天晴、

一、帷子五之内単物二・大樽壱荷　竹越山城(正信)

来月二十二日より御八講行わる

(20オ)

一、勅使頭中将仰云、来廿二日ヨリ廿六日迄御八講也、」其心得可申由也云々、幷ダイ行道自然候者、布施ナト入可申候、未治定申候条、其御沙汰御座候者、重而可申也云々、淡州奏者仕言上也、

常是包

一、銀子六枚、定是包に遣候、此内弐枚者、従内儀忠象卿馬代明日のと、将又先日大御所さまへのを予引替候のに、手前用多故、房手前より請取申候也、江戸大納言殿江単五・帷子五つ者、従内儀忠象卿進物之調候也、大御所さまへ先日同前也、」

(20ウ)

十八日、丁未、天晴、

一、明朝御礼、早天伏見参着候様ニと三条西殿より触也、

伏見城に於いて諸家惣礼日の出前に伏見に着す

此日於伏見大納言殿江諸家惣礼也、丑刻許余出門、伏見早天参着、日未出也、御奉公衆少々登城、御門外相待間、日出比酒井雅楽頭登城、其御門外程へ被参候時、使者因州・作州両人遣申云、御門外御左右相待候由申了、報答被申云、」早々被成尤由也、然間城中へ御進物持候て遣候、淡州申云、御城内未掃除間、少時相待候へと申由相尋遣候、待申候間相訪間、安部備中守其外少々登城、其儘各申合参了、（21オ）

家光への進物

今日進物

一、単物拾・帷子拾并馬代銀子壱枚也、

一、単五・帷子五并馬代銀子壱枚　　忠象卿より（21ウ）

又八条殿より廿単拾・帷拾歟、馬・太刀等也、」

近衛殿（信尋）・一条殿（昭良）・伏見殿（貞清親王）・鷹司殿大閤御所（鷹司信房）并同大将殿等、単五・帷五・馬代同前歟、

又二条殿より単拾・帷子拾・太刀折紙等也、

大御所さまへも先日各同前歟、但余進物者、単物許弐十也、太刀・馬代同前也、

長衆四人に面会

此日御礼以前相待間、其座敷へ長衆四人来儀、酒井雅楽頭・安部備中守・青山伯耆守・酒井讃岐守等也、此後三好越後守(可生)対予一礼被申也、」

(22オ)

忠象を伴い南昌院へ立寄る

巳刻許惣礼也、
午刻帰刻、南昌院(棠陰玄召)へ立寄有振舞也、忠象卿令同道了、未刻帰宅了、

昼寝

少時昼寝、一時許歟、
十九日、戊申、天晴、

二官屏風

大工与兵衛壱人来、書院レイジこしらへ、又二官屏風のふちうち申候、此外指図、是ハ千代鶴学問所也、談合注文等与兵衛仕候、」

(22ウ)

秡氷餅

一、秡氷餅箱壱つ者　長官進上

砂糖
飛魚

一、秡𬼀なし物桶少さたう一斤入に入候壱つ、トヒ魚五十也、二神主等進物也、右両人取次淡州也、

久我通堅女有能に千種の称号を望む

一、女御さまの岡殿(久我通堅女)より昨夜書状云、此孫ヲ(有能)千種ト申称号ニ望之由也、久我一門也云々、

千種は六条とも申し久我家より出づ

報答、母方候哉如何、又文云、六条ヲ昔ハ千種トモ申候、皆久我家ヨリ出申候、

孫の実父むつも（岩倉具堯カ）久我一門之由被申候也、」

（23オ）
禁裏と武家に申し入るべし

又余報答云、然のことくハ兎角之儀者、主上幷武家御所さまへ被申、仰次第尤由、廿日にきいして申遣了、

廿日、己酉、天晴、未刻夕立、雷鳴了、

（23ウ）
大工与兵衛来、皆三間所打付了、幷ふすま障子四枚分のふちけつり申候也、又指図つもりなと仕候て、五間々半に弐間半をやね迄合五百八十目請取」可申候由也、但戸障子此外畳等外也、可申付由酉刻許申付了、

家光伏見城より二条城へ渡御将軍成の儀

廿一日、庚戌、天晴、

昨日歟、此日江戸大納言殿従伏見二条城江渡御云々、其儀将軍成之儀幷可被天下譲由、秀忠公被仰渡也云々、

（24オ）
徳川頼宣義直等東福寺へ参る

明日水戸宰相殿（徳川頼房）へ各一礼延引之由、従柔長老申来、大閤御所迄申進、醍醐・小野等へ」飛脚被進候様ニと大閤御所へ申進、御心得候由報答也、今日左七郎罷出了、此中三十ヶ日依不浄不参也、

又今日廿一日紀国中納言殿（徳川頼宣）・尾張中納言殿（徳川義直）等、水戸宰相殿為御見廻東福寺へ御出云々、但

従伏見還御次也云々、

廿二日、辛亥、天晴、

屏風絵は初平王質伯顔とす

此日未刻柔長老来儀、此次屏風絵相尋、初平(黄)・王賛(質)(シツ)・伯顔此三人、子細言談也、」(24ウ)

千種家興立の勅許あり

申刻為　勅使竹屋(光長)来儀、仰云、女御さま岡殿孫之儀也、先年迄此孫故侍従(六条有清)為六条死去以後、別腹六条(六条有純)相続、仍此孫知行別雖有之、称号此孫不相定間、千種ト申称号申請度旨被申上、久我一門也、仍如此云々、御談合仰也、勅答可然存候、猶以三条西大納言実条卿へも可被仰出旨申畢、使者壱岐守(矢野秀政)也、依為当番也、」(25オ)

南昌院学問所作事

此日忠象卿南昌院学問所之内、湯殿幷下男部屋等之儀、作事方以庄五郎大工与兵衛相添談合遣了、

家光参内につき参集を命ぜられる

昨日従実条卿被触云、来廿三日大納言様為御参内、仍父子可有御参内旨也、

東福寺令柔に徳川頼房への音信の件を申し含む

此日柔長老被参、謁之、次来廿五日歟廿七日比、水戸宰相殿へ見舞申度候、先内証被申候て、於同心則因州今日」(25ウ)千代番として遣候間、明日にも為使者水戸殿へ案内可申由申含了、申心得由報答也、幷又此度千代▨(逗)留中、其寺家中悉振舞可申付由令約束了、従明日之儀也、

昨今長老より振舞也云々、

又今夕南昌院忠象卿振舞被申也云々、

明日依参内忠象卿被出京了、」

（26オ）（御八講捧物に金銀打枝進上の事／忠栄忠象父子両人御八講参仕の事）

今夜頭中将季俊朝臣光儀、（御八講之事、）被申云、来月御八講ニ付金銀之打枝御進上、旧例有之、少々写留、重而可懸御目也、将又忠象卿も御出仕、内々御用意可然也云々、兵部奏者也、報答、仰候哉父子共以参内申事候哉、然者五ヶ日御八講上卿如何、被答云、何も前官・当官共以御出仕候様ニと相触申候へと仰候間、先如此旨也云々、」（26ウ）又余申云、其式日父子両人之内被仰出、相定候者、重而御左右可承由申出了、心得申也云々、

又御八講ニ付　行道（ダイ）可有之沙汰也云々、

廿三日、壬子、天晴、

（家光参内す）

此日右大将（徳川家光）殿御参内、巳刻許也、余辰刻参内、諸家悉参集也、

猟（蠟）燭百挺者　　佐野甚四郎（政勝）使者也、」

（27オ）（千代鶴学問所大工へ支払い）

此日千代鶴学問所五間三間（柔長老寺内）与兵衛請取、合七百目之内四百三十目相渡候、明日ヨリ拾五日日数可出来由也、但たてぐ・壁等請取之外也、式部取次也、

忠象南昌院へ赴く

申刻忠象卿南昌院へ出門、供侍藤十郎・権三郎・平左衛門・山三郎四人也、

従此日柔長老家中振舞、千代逗留」中申付了、先此度之儀也、

霊夢の一句を書き留む

今夜亥刻許愚詠、明日(癸丑)早旦有霊夢、一句蒙神助者乎、

(27ウ)

廿四日、(癸丑)、天晴、

今旦蒙霊夢之一句、昨夜愚詠和歌十一首之内一首有所存詠之、此返歌希霊夢之処、

如此一句銘肝者也、其儀別記之、」

午刻南昌院召長老来儀、

(28オ)

藤三郎来儀、同刻極﨟光儀也、

一、猟〔蠟〕燭弐百挺者　永井信濃守(尚政)殿より

中御霊社湯立

一、中御霊湯立代物銀子参十三匁也、

一、同別当へ染帷子壱つ遣之了、

一、同息釆女へ従内儀染帷子壱つ遣之、

一、単物四つ者　内儀へ引替候也、

廿五日、(甲寅)、朝間晴、午刻陰、」

（28ウ）
午刻　江戸右大将殿より阿部備中守御使、
家光より返礼の品
一、銀子百枚幷拾之内単五・帷五つ也、　関白殿へ（九条幸家）
一、同三十枚幷単帷子同前　殿大納言殿へ（九条道房）
阿部正次よりの品
一、帷子拾之内単物三つ幷馬代銀壱枚　備中守私
一、帷子五之内単弐つ幷銀子壱枚　殿大納言殿へ 備中守私
右単帷合五つ者内儀へ渡之、又勿論大将殿よりの単帷等内義へ相渡申候、但銀子分者、後藤源左衛門へ明日請取可遣約束、切紙備中守使者渡置候也、」

（29オ）
烏丸資敦申文
申
従五位下
藤原資敦（烏丸資慶カ）
右烏丸頭弁息、当年弐才也云々、元和九年
勅使竹屋弁也、
勅答連綿之儀尤存由申了、
一、未刻さらし拾疋、馬代銀子壱枚者　水戸宰相殿へ

緞子

一、杉原三十帖・鈍子壱巻者　同所へ忠象卿より

右杉原因州取次也、」

将軍宣下諸役交名

(29ウ)

一、今夜　勅使頭中将季俊朝臣　仰云、将軍　宣下　上卿三条新大納言実条卿也、

奉行季俊朝臣、参仕弁経広(勧修寺)・大外記(東坊城長維)・菅少納言(五条為適)等也、以上五人也、

一、同役者従陣伏見へ御礼衆

大外記・官務中務大輔・極﨟歟・六位外記(山口生慶カ)・六位史(虫鹿亮昭)・少内記(山口盛勝)・出納職清(平田)・出納職(平田)忠・内竪(豎)・陣官人・告使・副使等也、以上十二人、伏見へも参也、」

(30オ)

一、同陣之役者伏見へも不参分

御蔵・主殿民部・主殿新大夫・大蔵省・使部(外記)・使部(官ノ)・行事官・掃部寮等也、以上八人分也、

右伏見へハ不参分八人也、

一、此日さらしの白き帷子壱つ者　柔長老のかしき(喝食)へ

右今夜頭中将持参、則写留之了、

一礼以後、千代学問所屋敷相定了、竜眠庵寺内也、」

（30ウ）
一、又頭中将季俊朝臣被申云、来月御八講初日・中日両度下官可参勤仰也云々、
　又忠象卿中日結願可有参勤者也云々、
一、猶御八講役者、書付可進也云々、
一、忠象卿束帯道具可新調者也、
一、近日御習礼可有之沙汰也云々、

水戸徳川頼房家中へ音信

　今日水戸殿家中両人音信之内
一、単帷壱重・銀子壱枚者　　中山豊前（信吉）〔備〕へ」（31オ）
一、又村瀬左馬（重治）に遣候のハ、留守人為法度請取不申候也云々、此仁ハ二条御城辺ニ居申也云々、

平顔の男

　右中山豊前者平顔男也、御前へ今日罷出、盃さし申候也、
一、染手のこい五つ者　一位殿のるり進上也云々、

染手拭で帷子を誂う
蒔絵文箱の緒

　右之内弐つ者、玉まつ（栄厳カ）帷子に調候也、
　まきゑの文箱若政所殿へるり進上申候を給候者也、此緒一条ひなやへ」（31ウ）
　庄右衛門（野々口立圃）方へ申遣候、作州取次申付了、

外居二荷

一、廿六日又今日廿五日、水戸殿御見舞之時、ほつかい弐荷分内義より調候て、

竜眠庵へ持せ候て、今日同道申、諸家門主御供衆中へ下々迄、振舞申候也、

又大樽南都壱つ并京樽八升計入候、持せ候て、次右衛門へ相渡候也、

京樽

一、因州今日従竜眠庵罷帰了、」

(32オ)

廿六日、乙卯、

銀子百枚者　今度江戸大将殿よりのを、後藤源左衛門より請取、式部上申候也、

家光よりの銀子を分配す

又同参十枚者　同前忠象卿へ被遣之、同所より同人請取来候也、

銀子壱枚者　禅閤御所さまへ

同前　(高倉熙子)大政所殿へ

右昨日の御すそ分也、千代御乳使者也、」

(32ウ)

一、銭三貫者　尾崎内匠持参也、

右今日水戸宰相殿ヨリ使者也、昨日之謝礼也云々、各参候一礼也、

徳川頼房より返礼

一、蠟燭百挺者　佐野権七郎(正直)より

右きい取次、使者歟、

一、若政所殿へ紅花卅斤、同人進物也云々、

紅花

名字を家光と定めらる

一、江戸大納言殿御名字家光ト申也云々、今夜三条西大納言実条卿へ相尋、報答如此也、」

（33オ）

松禅院へ返済

廿七日、丙辰、天晴、

此日未刻、松禅院（慶俊）法印へ返弁、小判百切幷銀子六貫目分皆済、

五百目弐包合壱貫め、門主より今日返弁、

又拾枚包拾壱包此内三十枚者今日忠象卿の也、

又弐百七十目三口都合六貫目也、

（33ウ）

先年江戸下向に際し費用を借用す

右去年初冬六日借用申候の也、去年霜月九日江戸下向用意故借候の也、」此時借候

書物遣候、唯今返上破了、

此日松禅院師弟子振舞申候也、

今夜三キノ二兵衛使者

一、単五・帷子五・馬代銀子拾枚也、　余へ

一、単三・帷子七つ・馬代五枚者　忠象卿へ

家光将軍宣下

此日家光卿将軍　宣下也云々、役者昨日記之、其後伏見へ上卿参向也云々、

（34オ）
廿八日、丁巳、天晴、申刻頭微雨、」

使者を送り将軍宣下を慶す
此日昨日将軍　宣下珍重旨、以兵部申了、二条御城へハ以淡州申了、此次八朔御礼
昨日以殿（道カ）有申ことく頼入由、大炊助へ申遣、心得申由也云々、

多武峯へ初穂を納む
一、今夜竹林坊宿坊（盛賢）慮（廬）山寺奥へ来臨、松禅院案内者ニシテ秉燭参了、単壱つ・帷子ふたつ并銀子弐枚者、今度はつ
ほと号して多武峯大明神へ捧物申由候て遣了、此夜蓮光院と知人に成候也、廿歳許若僧也、木下宮内（利房）家中者息也云々、」
（34ウ）
一、午刻許、昨夜音信号謝礼候て、作州遣了、此次先日一礼申候（マヽ）内匠方へ、彼方
　よりの馬代青銅三百疋并帷子壱重遣之畢、

大徳利
此日朝大トックリ南都酒壱つ　　忠象卿学文所へ
一、今日さゝキ一折　　吉田采女進上云々、
一、（山口生慶）少外記奉公之事、左七郎舎弟昨日奉公望申間、同心申了、以因州取次也、新座次扶持約束也、」
（35オ）
廿九日、戊午、天朝間晴、午刻陰、

板倉重宗の許へ参る
辰刻板倉周防守所へ来臨、単ふたつ・帷子三つ合五つ分并銀子五枚者、
　右八朔并先日御使者、今度すそ分旁以進物也、
単ふたつ・帷子壱つ合三つ者　　板倉伊州（勝重）へ

右門外迄参候也、依所労不能面謁、

今朝周防守所ニテ言談、当職辞退事幷八朔旁以両御所(徳川秀忠・家光)御見舞申度由」申了、報答大(土井利勝)炊次第之由也、猶大炊へ物語可申也云々、

関白辞退および武家への八朔については土井利勝に相談すべし

(35ウ)

一、壱部三切・香薷散等　　水戸宰相殿家中　半井兵庫

右今日始而参候也、淡州取次也、

大樽　葛　索麺

一、大樽壱つ・葛拾連・さうめん箱壱つ者　　竹林坊持参

右松禅院案内者也、

鰹

一、かつ魚拾袋者　　道有進上也、

禅閤御所様より八朔御礼」

(36オ)

女御様へ　杉原壱束十四匁也幷(アキマヽ)

(〇一行分余白)

百疋者　いけた(弓気多昌吉)摂州へ

まんちう

(〇一行分余白)

給三つ未刻者たて白筋地黒丼さやのあさき織筋等也、・馬代銀子壱枚

右酒井讃岐守使者也、

はふたいの白き単・浅きの帷子、以上壱重者」

右大政所殿へ御薬まいり候、ゆふちく(友竹)江まんして進上申候也、

(36ウ)

(〇六行分余白)」

(37オ)

八月

八朔

朔日、己未、天朝間晴、巳刻陰、

大茶碗

一、大ちやわん弐つ者　　富小路後室より

桃

一、桃三十計　　喜左衛門息舎兄也、

一、はい一折　　同弟むすこ進上

鮎

一、あゆ魚一折卅　　梅宮の両人

一、右内義(豊臣完子)へ進候也、卅なから也、

（37ウ）

大錫　強飯　醴大樽　真魚鰹

一、帷子壱つ者　　二条殿（康道）の宮内（朝山幸綱）へ度々進物仕候返報也、」

一、すゝ（大）一対・こわいひ一重・はむ一折　　二条殿より

一、大樽壱荷・まなかつを壱つ者　　一位殿（阿茶局）より

一、単物壱つ・帷子ふたつ者　　佐野外記（政成）より使者也、
　壱匁許の也、

男扇

一、男扇壱本者　　二御乳人女こな進上也、
　東大寺僧両人

氷餅

一、氷餅袋五つ者　　そつ

油煙墨

一、油煙墨五ちやう者　　堀侍従殿（堀河信親）へ」

一、右墨壱ちやう・袋壱つ者

（38オ）

砂糖

一、さたう壱斤者　　二条殿御乳進上
　女御様（徳川和子）へ八朔覚

杉原紙

一、杉原三十帖也、

一、杉原拾帖・薄帯壱筋者　　権中納言殿へ

一、同前　　一位殿へ

一、同前　　　　　　　　小大夫殿へ
一、杉原弐束者　　　　　摂州(弓気多昌吉)へ
　以上皆杉原者、因州(信濃小路為重)取次也、今日調候、」
　右壱岐守(矢野秀政)使者進候、雖然御ひきは無之云々、但惣次八朔之時、使者無之也
　云々、

(38ウ)

諸家来儀

此日諸家少々来儀也、別記之、
未刻瑞竜寺殿(日秀)内義へ渡御、今夕有振舞者也、

鮨桶

一、すし桶壱つ者　　　　大閤様(鷹司信房)より
一、杉原弐束者　　　　　喜左衛門息両人江遣之、
　右両人なから度々進物故遣之、」

(39オ)

二日、庚申、

八朔返礼の品
伊予索麵

一、伊与索麵壱桶　　　　小大夫殿より
一、杉原弐十帖・鈍子弐巻者　女御様より
　右八朔返報也、御使者

女御様より　　　禅閤様へ(九条兼孝)

奈良晒

一、杉原弐十帖・ならさらし五疋者　大政所さまへ(高倉熙子)

紅

一、紅五十斤者　　　禅閤さまへ権中納言殿より」

一、箱壱つさうめん歟、

一、かみ弐さほ者　　大政所さまへ権中納言殿私

又権中納言殿より

一、ひき弐束者　　　余方へ給候、

女御様より　　　若政所殿へ(豊臣完子)

縮緬

(39ウ)

一、杉原弐束幷ちりめん三巻此内赤ふたつ・白壱つ也、

一、杉原十帖・さらし五疋者　　忠象卿とのへ(九条道房)

右此方より同十帖・鈍子壱巻進上云々、

忠象束帯等の注文

(40オ)

一、杉原拾帖・扇五本者　　若政殿へ、権中納言殿私進上云々、但百疋被遣之、返報也云々」

御方御所様(九条道房)

御束帯之具

一、御袍　　一、御下襲　　一、御裾
一、御大かたひら　　一、御袖ひとへ
一、うへの御袴　　一、下の御大くち
一、御したうつ但これハねりにて、そなたにてあそハしまいらせ候、
右分申付候、此外御束帯ニ入申御道具
一、御冠　一、御笏　一、石の御帯　一、御太刀　一、御平緒」
これハ定而可有御座候間、不申付候まゝ、其御心得被成候やうに御披露頼申
候、
如此藤右衛門佐（高倉永慶）殿より書付文給候間、
一、石帯　一、平緒　此二色又似物に被調候て給候へと申遣候也、
（40ウ）
又八朔之礼として　キイ取次
長崎物
三足焼物長崎物歟、たはこ火入可然歟、　三右衛門進上也云々、」
（41オ）
三日、辛酉、天晴、
諸白
塩雁
巳刻許、諸白壱荷・塩雁弐羽者　出納豊後（平田職忠）へ

右以少外記（山口生慶）為使者了、

単物ふたつ織筋・浅きの染物　紀伊守へ（渋谷与兵衛以重）

帷子ふたつ　因幡守へ（渋谷三郎右衛門）

同前　大鞁忠兵衛へ

同前　権七へ　〔伊達政〕正宗扶持人　笛

同前　与吉郎勝兵衛へ」（渋谷重俣）紀守息

同前　座者

同前　同　正宗扶持人　六兵衛

同前　彦四郎へ

同前　惣左衛門　大鞁　おほつゝみ

単壱つ・帷子壱つ者　豊前へ　笛（牛尾）

合拾壱人、此内豊前者令早出、後日参遣之了、」

入夜梨門（最胤入道親王）并南光坊（天海）来儀、竹林坊（盛賢）・尾張の社僧（アキマヽ）来儀、たひ五束もんめんの持参也、仏乗院・

能役者

梨本門跡等来る木綿の足袋

（41ウ）

（42オ）

・ーー（ソッ）、是三人南光弟子、出納豊後・松禅院法印（慶俊）・同中将、此外役者供（奏者間）勿論、
又南光弟子とも客殿にて振舞申付候、
鶏鳴時分各退下、
梨門主・南光坊等退出以後、少時」松禅院・同中将・出納豊後・役者等有配酌事、
扨其後退出、鶏鳴也、堀川中将（康胤）右衆酒宴座、是又配酌衆也、

（42ウ）

普請のため円明寺百姓を召喚するも来客のため帰す

一、円明寺百姓拾人よびよせ了、普請用に呼候へとも俄客人候故、先於此方遣候
右帷子合拾九之内弐つ内義にて借用、依不足也、皆染帷子也、
也、」

（43オ）

此日日庸（傭）参人遣候、但壱匁つゝ掃除遣候也、
二条殿衆四人、官人并将曹・木工・大八等也、

千代鶴竜眠庵より帰宅

一、申刻、竜眠庵ヨリ千代鶴殿（松殿道昭）帰宅了、今夜南光坊前大僧正来儀、面謁故也、
一、寿伯昨夜病後始而来臨、
四日壬戌、朝ヨリ昼時分迄晴、申刻雨降、至酉、

（43ウ）

千種称号の事

一、勅使竹屋（光長）来儀、淡州取次（信濃小路宗増）申云、千種称号之儀、以墨付可申也云々、」勅答趣、

墨付御理度々申候間、猶御免被成候て、被下候様ニと申了、

中御霊社湯立 康道病気平癒 祈願 次湯

一、午刻許於中御霊湯立初度、従内儀其次次湯、従二条殿又次湯、余進候次湯者、銀子弐十目也云々、（二条殿御病故為祈禱也、）

入夜各帰了、従内義有振舞、

東福寺竜眠庵 屋敷の事

（44オ）

一、先是柔長老来儀、謁之、言談云、「当寺竜眠庵屋敷者、三屋敷也云々、此内西方者、円通寺ト申也、今度千代鶴殿学文所建立所也也云々、其家東西五間・南北三間半新調造作也、此円通寺者、三聖寺之内惣持屋敷也、此所先年安国寺寺（衍）建立中候所也、雖然先年一乱以後客殿・台所等及破損、仍此客殿」常楽庵へたてられ候、此跡屋敷唯今柔長老持分也、其子細先年安国寺依所望、従三聖寺中以墨付連判同心之後、安国寺又以一筆柔長老へ被相渡候屋敷也、此当寺先年竜眠庵別所屋敷ヲ以テ、唯今三屋敷跡地替被申候也云々、

（44ウ）

（芳招院、二条昭実室）ハウセウ院殿御同道也、（剛外令柔）

数寄屋紙

一、スキヤ紙三束者　　中御霊別当へ遣了、」

（45オ）

五日、癸亥、天晴、申刻より入夜雨降、

此日銀子弐十三匁者、此内廿目者、昨日之次湯代、残又三匁者、別当遣候也、以因州為使者了、

今朝かミ洗、行水、此後祓看経以下如例、此日忠象卿従東福寺帰宅、明日大樹(徳川家光)依御参　内、各参　内故也、

一、摂関御伝自老父(九条兼孝)帰給了、以使札申候故也、権大郎使者也、

一、美濃紙拾束かい申候、　　式部取次也、」

一、美濃紙五束者　　禅さまへ御用由候て進候、

此夜両親渡御、則今度御八講之儀、少々老父御物語也、聞書少々有之、

（45ウ）

六日、甲子、天晴、

巳刻許参　内、今日将軍　家光(徳川)公宣下以後、始而被参内、仍諸家各不残参内也、家光公御車、武家・堂上衆長柄、諸大夫以下悉騎馬也云々、」

家光公御退出匆論、御参内刻両度各懸御目了、

（46オ）

此日始而紀伊国中納言殿(徳川頼宣)被参内了、匆論尾州(徳川義直)・水戸殿(徳川頼房)等此外諸大名御供として御礼、如大御所(徳川秀忠)之時、太刀折紙持参申候了、密々令見物了、

洗髪行水
忠象東福寺より帰宅す

兼孝より摂関御伝を返さる

美濃紙

法華八講につき兼孝より聞書

家光将軍宣下の後初めて参内

徳川頼宣初めて参内

禁裏より御八講願文呪願清書を命ぜらる

（46ウ）

一、此日未刻（午歟）許以季俊朝臣（正親町）仰云、願文・呪願可有」清書之由也、勅答悪筆之事御座候条、左府（近衛信尋）可然由申了、此後於内々御番所会合、左府則此旨令言談之処、報答云、御次第作進申候間、旁以余清書尤之由也、

九条兼実清書の例　玉葉

御八講願文・呪願関白清書事、但此度清書大臣之時兼実（九条）公也、左記之、

入夜玉葉令一覧、安元三年七月五日、公家宸筆御八講之儀、同六月廿日〔五〕己未、今日関白（藤原基房）着直衣被参、今日兼光（藤原）密示云、宸筆御八講自七月五日可被行之、其事可有御奉行之由有院」宣、又願文・呪願可有御清書云々、以吉日可参啓、且所申

（47オ）

也云々、

同七月五日壬寅、公家宸筆御八講事、玉葉有之、少々令一覧了、

同月四日、今日終日清書願文・呪願等、（虫損 私所〇〇二字計虫破損〔調之〕）料紙書之、

願文料紙之事

玉葉云、安元三年七月五日被記之、此内云、一枚御願文・呪願」件等料紙表薄・裏濃紫色無薄、是長保例也、作者共永範（藤原）卿、清書共下官一枚名香袋指之、件名香自上西門院（統子内親王）所調献也、

（47ウ）

又同記之内、右初被書之、左写之、

宸筆法華八講の旧例

（48オ）

宸筆御八講旧例之事、

五日、壬寅、||即自今日四ヶ日、朝夕両座開講演説、蓋奉為前院聖霊頓証菩提也、

倩検我朝之旧貫、被行宸筆法華八講之例四ヶ度、所謂天暦・長保已上奉為母后（藤原胤子、藤原穏子）・治暦奉為先帝（後朱雀天皇）・

長治奉為母后（藤原賢子）」是也、此外醍醐聖主、延長三年奉為母后（藤原胤子）雖書写一乗、不勤修八講矣、今

度一向可逼〔遵〕行長保之嘉例之由、所被仰下也、余（九条兼実）依勅定奉行此事、天暦右大臣九条殿（藤原師輔）・

長保左大臣御堂（藤原道長）・治暦右大臣内歟土御門（源師房）・長治内大臣雅実（源）等、為行事上卿、或帝外戚、或朝之

有識也、余以愚庸之質難遂賢佐之〔跡脱〕、然而依恐詔旨、憖以奉行、卯刻着直衣網代車、先以

参内、」

千代鶴学問所立柱棟上

千代鶴竜眠庵に入寺

（48ウ）

此日東福寺竜眠奄〔庵〕之内円通寺旧跡、今度千代鶴学文所柱立棟上也云々、

申刻許千代鶴為学文竜眠庵入寺也、

七日、乙丑、天晴、入夜暁比雨降、

重ねて禁裏より御八講願文咒願清書を命ぜらる

又 勅使以頭中将季俊朝臣、願文・咒願等清書之儀仰也、

勅答、安元三年七月五日宸筆御八講之清書、兼実于時右大臣歟、依仰被書写之者乎、今度」

千代鶴学問所屋根葺

（49オ）

左府被清書可然所存、殊更後陽成院御追善旁以別而可然給旨申了、

此日千代鶴学文所屋ねふき申候也云々、此義午刻少外記従竜眠庵罷帰言上也、

未刻許甘露寺(時長)呼寄候て、能書不残相伝申度由申進候へハ、被心得候、如何様被成候て、御不審之儀可有御入魂趣報答也、又重而申進趣、▨明晩則」以参申度由也、又返事云、来十日御待被成候旨也、為悦由申了、

甘露寺時長に能書の相伝を求む

(49ウ)

八日、丙寅、天朝間晴、巳刻雨降、

午刻許、勅使頭中将季俊朝臣仰云、願文清書事、故二条殿(昭実)先年被書候間、今度可有清書由仰也、

みたび願文の清書を命ぜらる

勅答、猶以能書御仁躰へ被仰付候ハん哉と、但重而於　勅定者畏存候、先此趣可被申上候」由以面謁申了、

願文の清書を諒承す

(50オ)

一、文箱木地▨拾・アイのスシ小桶壱つ者

右寺町カキ屋取次、藤堂泉州(高虎)家中取合頼者音信也云々、

鮎鮨

此日御八講之儀、玉葉并次第等之内不審少々、老父渡御間御尋申、又聞書別記之、従未刻及夜半過還御也、」

御八講につき玉葉等に不審ありて兼孝に問う

(50ウ)

九日、丁卯、天晴、未刻雨降、

勅使中御門大納言資胤卿・頭中将季俊朝臣等也、其儀今度御八講役者ニ所衆ト申も

御八講役者において下北面

を以て所衆の代官とす

の入候、仁躰無之候間、下北面為此代官可有御用趣御談合也、仰旨尤之由令　勅答了、淡州為当番取次申候也、此次相尋季俊朝臣云、御願文清書之儀、弥以定候者、」両草幷書写新調料紙等、肝煎可被申旨申含了、二三日中可進上之由也云々、酉刻頭

正親町季俊に願文清書の料紙新調を申し入る

(51オ)

許也、

十日、戊辰、天晴、

未刻曼殊院(良恕入道親王)門主へ初参、此子細入木道相伝申故也、大判金子壱枚進候也、余愚簡書加神号、為門弟者也、今度御八講ニ付願文」・咒願文等可清書、依　勅定旁以悉入木道相伝可申令契約了、条々今日令相伝了、

入木道相伝のため曼殊院門主に入門す
大判金子

(51ウ)

十一日、己巳、天晴、

自未明伏見へ武家御所家光公今度将軍宣下以後惣礼也、仍各諸家為一礼令参者也、

家光初度の惣礼

進物、

一、太刀折紙・銀子壱枚也、諸家同之、」

(52オ)

一、金子壱枚幷大たか壱束つゝ者、

大高

主上(後水尾天皇)幷女院(中和門院、近衛前子)御所さまより也、

東福寺内竜眠庵へ参り千代鶴学問所造作を見る

午刻許、右帰路、東福寺之内竜眠庵へ参了、此寺内乾方屋敷ニ円通寺旧跡有之、於此所千代鶴学文所五間ニ三間々半也、造作以後始見了、半作也、未刻許帰宅了、

（52ウ）

十二日、庚午、」

小大夫来儀、

於禅閤御所有御振舞、内義方午刻許令参了、

同刻柔長老来儀、良久言談也、

其後申刻許余禅閤御所ヘ参了、入夜帰了、

願文草案の料紙到来す

此日願文草新料紙以下頭中将為　勅使来儀也、願文・咒願文等也、」

（53オ）

十三日、辛未、

御八講習礼

此日御八講為御習礼参内、諸家幷青門主（尊純法親王）・毘沙門堂天海此外竹林坊僧正・｜｜以下八人許也、

五巻日習礼也、余清涼殿艮方東西行畳南面着之、左府以下当間南ヨリ南北行西面着座也、今度余畳不構之、仍先年老父」後陽成院御宇御八講之時、如右大文畳被構之

（53ウ）

也云々、然間御理申達了、

習礼以後於禁中有御振舞、此衆近衛殿(信尋)左府也、・一条殿(昭良)右府也、・八条宮(智仁親王)・二条殿内府也、・鷹司右大将殿(教平)・殿大納言(九条道房)・青蓮院門主(尊純法親王)等也、

十四日、壬申、天晴、」

（54オ）

大原僧衆小折紙

勅使竹屋弁、

仰云、大原衆申小折紙之儀御談合也、

申	法橋	良全	
申	権律師	大法師良舜	
申	同前	同良純	
申	権少僧都	権律師幸円	
同	同	同隆恵	
同	同	同祐賢」	

右元和八年仲秋十四日壬申、竹屋弁勅使也、余謁之了、

十五日、癸酉、天晴、申刻陰、

（54ウ）

願文等料紙につき勅定あり

此頭中将季俊朝臣仰云、願文・呪願文等料紙之事、先此度出来申間敷由申候間、重

而料紙能調清書可申由　勅定也云々、畏存候由申了、」
（55オ）
西本願寺准如より の祝言憑進物目録
此日本願寺（准如光昭）門主より祢々姫（九条幸家女）祝言たのミとして進物目録
使者両人大進（下間仲友）・長門（八木）等也、
一、引合拾帖　　一、唐織物弐巻
引合唐織物
一、ねり弐端　　一、五十枚銀子也、
一、御樽十種十荷
御乳へ
一、銀子拾枚　　一、紅梅ねり合弐端」
（55ウ）
余方へ
一、袷五つ　　一、単物五つ　　一、馬代銀子壱枚
政所殿（豊臣完子）へ
越前綿
一、越前綿五十把
同御つほねへ
一、同綿拾把

左衛門督かたへ

一、同前」

使者両人之内大進

一、太刀折紙　　　馬代中銭三百疋

長門

一、同前

(56オ)

右余方へ持参也、

藤堂泉州殿より

政所殿へ

藤堂高虎より
の進物

昆布

一、大樽三荷　　　一、昆布廿そく」

するめ
鰹節

一、するめ廿　　　一、かつうを百ふし

(56ウ)

干鯛
かます

一、ひたひ三十枚　　　一、かます廿れん

泉州使者へ

一、帷子ふたつ

本願寺殿使者へ
一、銀五枚幷島袷織筋帷子ふたつ　合弐重分
一、同五枚幷袷単帷子　合弐重同前也、
大進・長門両人へ被遣之也云々、」
(57オ)
十六日、甲戌、
白鳥
一、白鳥壱羽者　中院中納言殿より（通村）
有使者也、
葡萄
一、ぶとう三十ふさ許　二条殿より
御八講結願略次第を康道に進ず
今日午刻許渡御、依御所望今度御八講結願略次第染悪筆進了、
一、花びら卅枚者　女院御所さまへ
明日より懺法三十日
右自明日依懺法（センハウ）三十日也云々、」
(57ウ)
一、蒲（葡）萄百五十ふさ者　細川越中守（忠興）とのへ
右作州（山本慶泰）為使者了、
一、諸白樽壱つ者　千代学問所へ

右外京酒・肴物等少々遣之、

京酒肴物

一、酉刻山本隼人正(重泰)病後初而参候也、

一、新米紙袋壱つ者　二条殿泉州持参

一、相国寺御八講次第応永二年四月九日五巻日事也、」

三宝院(義演)殿より御八講次第二通

三宝院義演より応永年中の御八講次第を借用す

一、応永廿一年四月十六日等持寺御八講第三日之儀也、

(58オ)

私是又五巻歟、

一、去十四日辻源十郎暇乞了、

右ふたとをり、以随門(増孝)主令借用了、

一、書院ふすま障子十二枚歟出来了、但張たて許也、ふちかな物不出来候、是又十

書院襖障子出来す

三日四日比也、五左衛門取次也、

一、中銭三百疋者　兵部(朝山吉信)へ遣之、本願寺への馬代ニ遣之、」

(58ウ)

一、同前者　淡州へ遣之、

右本願寺への馬代、私礼ニ遣之、

一、単物壱つ・帷子ふたつ・銭弐百疋者　　兵部へ

一、同前者　　淡州へ

右本願寺より今度被表祝旨遣之者也云々、

十七日、乙亥、天陰、

（59オ）

興福寺北院空慶申文

巳刻甘露寺来儀、北院空慶正僧正之事、」

申　　僧正

権僧正空慶

右去十二日被申上也、雖然以次可申由勅定故、今日被申也云々、

勅答任例尤存候由申了、

東福寺永俊一通の事

一、　東福寺永俊(雄峰)西堂一通之事

去暮春五日、関白判として以正鎮遣之、取来候故也、」

(徳川)秀忠公のハ仲春中日付也云々、

（59ウ）

一、袷ふたつ者　　▨あさきはふたい等也、中山備前守(信吉)より使者也、

右水戸中納言殿(徳川頼房)長之内也、

一、巻数・諸白壱荷者　多武峯竹林房より

右先日参候時、散銭代として銀子三枚遣候故也、

一、ぶとう弐百ふさ者　伏見将軍様(徳川家光)へ

一、同百五十ふさ者　酒井雅楽頭(忠世)とのへ」

一、同百五十ふさ者　安〔阿〕部備中守(正次)とのへ

右淡州為使者、随門主ヨリ使者被遣候、案内者旁以也、

一、此日自南光坊為使者松禅院法印来儀、其儀大炊頭殿(土井利勝)御振舞、御八講已後何時成共可祇候申也云々、此義以竹林自僧正被申候由、竹林も以持明院巻数之次言伝也、」

(60オ)

十八日、丙子、天晴、

此日午刻許、権中納言殿来儀并小大夫来臨也、為御祈禱銀子拾枚并綿弐十把女御様より随門主へ被進候、

一、申刻頭板倉伊賀守(勝重)来、今日東門主(宣如光従)為御使者参候、あね姫君(成等院、九条幸家女)縁辺之儀也、此次当職辞退之儀并伝奏又壱人被加事、従公方様(徳川家光)禁裏様(後水尾天皇)へ御伺被成事候哉と被申候」

(60ウ)

諸白
散銭代
土井利勝の振舞に招かる
権中納言局小大夫局来臨
板倉勝重に関白辞退及び伝奏増員を談ず

（61オ）間、其趣候由申了、四人許之内なるへき由也云々、潤〔閏〕月加様之儀如何由被申候也、苦間敷かと申了、但当月中可然かの由申了、両条之儀、猶以辞退之儀者、御八講五ヶ日之内にもと申候へハ、其内者罷成間敷由報答也、左様候者、当月中之由申了、

大樽弐つ者　　若政所殿同前也、板伊州殿御持参也、」

（61ウ）此夜東門主より使者西川左馬助来、

今日従公方様御縁之儀、以伊賀殿被仰出候間、為其先以使者申由、一位殿ヨリ御ちや〳〵案内者被来候也、余謁之了、

一、大御所さまへ　二条御城也、　蒲萄弐百ふさ

一、蒲萄百五十ふさ者　　土井大炊頭とのへ

右使者兵部進候也、」

（62オ）一、さうめん壱桶者　　権中納言殿より

一、切引鮑壱箱者　　細川越中守殿より

一、蠟燭百挺入、今夜にあけ十ちやう遣候、

切引鮑

観智院来臨

一、観智院(亮盛)来儀、権中納言殿へと小大夫へと始而被謁之候也、

令柔来臨願文の不審分を尋ぬ

一、柔長老此夜来儀也、少々願文一覧也、不審分相尋了、

十九日、丁丑、天晴、午刻陰、」（62ウ）

竹内門主より願文等の下書き到来

一、巳刻許願文下書竹門主(良恕入道親王)より参候也、三日以前咒願文も同門主より参候也、

一、白はふたいの袷壱つ者　　御まんさま(鷹司孝子、徳川家光室)の御乳人へ遣候、

赤綸子

一、薄赤裏小袖壱つ　　一、染物赤裏壱つ

一、赤りんすの小袖赤裏壱つ　　一、白小袖壱つ

白粉

一、薄帯壱筋　　一、ヲシロイ五箱　　御まんさまへ

右若政所殿より被進候也、

一、薄小袖壱つ者　　若政所殿より御まんの御乳人へ被遣云々、」（63オ）

家光捧物の事につき板倉重宗来る

未刻板倉周防守(重宗)来儀、其儀武家御所家光公捧物之事也、

旧記趣少々書付進了、摂州同道也、

両息女祝言につき秀忠よりの祝儀目録

入夜自武家大御所秀忠公今度両女就祝言給候目録

一、唐織之大夜物　　弐つ

一、染中夜物　　同

一、満小夜物　　同」

（63ウ）
一、きぬもし蚊帳　　弐釣
つり手ともに

蚊帳

一、銀子千枚

以上

八月十九日

右周防守被帰候刻、二条御城へ道有被召続候て、大炊頭殿御渡候也云々、

（64オ）
但銀子者、明日従防州」可相渡者也云々、

此夜表珍重、祝言有配酌事、

兼孝方違のため瑞竜寺へ参る

此日申刻許、禅閤・大政所殿等為御方違瑞竜寺殿へ光儀也、進物青銅百疋被進了、

余調申事、式部へ申付令進上者也、

（64ウ）
自申刻末程大雨、又風吹了、」入夜猶風雨也、

一、又夜今宵少間、願文下書一返令書写之了、

目いぼ

一、明日御習礼可参　内、頭中将触有之、昨日よりめいほ出来候て、今日少腫申候也、

今度の御八講次第を一覧す

一、昨日従陽明左府(近衛信尋)御八講今度次第写給了、先日於禁裏御習礼之次、令契約故也、仍今夜」一返令一覧者也、

(65オ)

御八講初日の習礼

廿日、戊寅、天朝間晴、自午刻陰、

巳刻参内、申刻頭御八講初日習礼有之、上卿左府也、但余着殿上奥座関白床、上卿仰鐘、出居次将着座之後、着御前座、

清涼殿にて振舞あり

先是於清涼殿有御振舞、八条殿為御見物参内也、」

(65ウ)

朝餉の間にて主上と御対面あり

此日習礼并御振舞已前、於朝餉間主上有御対面、左府呼次仰也云々、仍令引率内府(二条康道)一礼申上了、小時御物語、其後入御、又一礼如例、

廿一日、己卯、天陰雨降、申刻頭晴了、

東本願寺宣如より贈物あり

午刻許東本願寺新門主より

目録

目録　姫君

引合

一、引合拾帖花二本松梅」

板物　(66オ)一、板物十端之内紅梅五端・ねもし三端・もゝ色弐端

金子　一、金子拾枚　　一、十種　　一、十荷

余方へ

一、三重御袷弐つ・御単物二・御帷子二合参重也、

馬代　一、金子壱枚、馬代也、

政所殿

銀子　一、銀子参十枚者

禅閤様」

(66ウ)一、銀子壱枚

単物帷子　一、五之内単物三つ・帷子ふたつ也、

大政所さまへ

越前綿　一、大政所さま　　越前綿弐十把

御乳人へ

大判杉原紙　一、大判壱枚・杉原・十てう・弐端紅梅・ねもし

左衛門督へ

袷

一、単物三之内あはせ壱っ」　(67オ)

一、同前　御つほねへ

一、単ふたつ者　御きいへ

一、単・帷合ふたつ者　小少将へ

一、五之内単二　道有へ

一、同前　庄左衛門へ

一、単・帷子合ふたつ者　喜左衛門へ

一、同前　喜之助へ

おもて諸大夫分」

袷帷子

一、袷帷子・銀子参枚者　(67ウ)　因州へ

一、五之内単二・帷子三　兵部へ

一、同前　淡州へ

一、同前　作州へ

一、同前　　　壱岐守へ

右今日使者両人（粟津元辰）大進・左馬助

一、大進へ銀子拾枚幷袷壱つ・単物壱つ・帷子ふたつ也、

一、左馬助へ同十枚・単・袷・帷以上参つ」（68オ）

右従内儀両人へ被遣之、

此日両人へ余へ太刀折紙持参、

銀子壱枚つゝ馬代也、

一、銀子弐枚者　藤右衛門あね御いとへ進候、

右今日大政所殿渡御被成候て、今度姫君へ上臈被参候故合力也、依御理右

如件候也、

此日今度御八講願文・咒願文等両巻」（68ウ）令清書、付頭中将季俊朝臣進上、依　仰如件、

但咒願文料紙裏白間、如先例後日可調進之間、重而清書可仕之旨仰、先日以頭中将

御理之条、先清書令進上者也、

一、余着用冠ゑいなと新調出来申来也、

（頭注：御八講願文等を清書し正親町季俊に付す）

（頭注：冠纓など新調）

表袴

一、随身冠四つ出来候、弓以下表袴等四人前新調中候也、」（69オ）

一、願文・咒願文等今夜竹屋弁催促来儀、仍頭中将私宅へ先刻預置候、使者取返之

相渡者也云々、

午刻

醒ヶ井餅
杉原紙
台

一、さめかいの薄餅・杉原・台壱折

右御まんさまの御乳人持参也、余若政所殿へ進候也、

後陽成天皇七回聖忌法華八講行わる

廿二日、庚辰、天晴、」（69ウ）

此日御八講初日也、余参内巳刻許也、左府三条西大納言実条卿・日野大納言資勝卿・西園寺大納言(実益)・正親町三条中納言(実有)・中御門中納言(宣衡)・西洞院宰相(時慶)・花山宰相(花山院定好)、以上八人也、

着座公卿

其儀、殿上関白座へ余着座、大文次左府南端座畳也、大文 床〻、指筵奥座、日野大納言(資勝)、次南座指筵、西園寺大納言、又奥、正親町三条中納言、」（70オ）又端座、中御門中納言宣衡卿、并西横座、西洞院宰相、北方奥方着座、次花山宰相、同南横座、参儀〔議〕両人如此也、左府奏事之由、次頭中将帰来、仰聞食之由、左府小揖、次以行事弁竹屋也、仰鐘、次出

居次将着座、次余着御前座、次第公卿八人着御前座、次僧衆昇楽着座等也、」

（70ウ）

朝座　一、朝座未刻許始了、証議儀（尊覚入道親王）一乗院門主、

夕座　一、夕座亥刻許始了、

廿三日、辛巳、

一、此日御八講当座、上卿右府也云々、一条殿也、

廿四日、壬午、

御八講五巻日大行道あり

此日御八講五巻日也、有大行道、午刻許着殿上、行道一通終時分雨甚降、先是雨降、仍小時見合、不事始者也、」随身四人・諸大夫両人召具了、随身持裾、左府随身三

（71オ）

人許也、諸大夫者役者故一人も不召続者也、

夕座経供養

夕座亥刻過事始、夜半過各退下、此夜御経供奏〔養〕有之、御願文等三井寺日光院僧正也、

論議二三問答、

廿五日、癸未、

今大路親昌を典薬頭に補する旨幕府より執奏あり

（71ウ）

天晴、未刻西三条大納言実条卿来儀、」勅使也、仰云、道三（今大路親清）子息典薬（今大路親昌）ニ被仰付候ハん由、武家御所御執奏也云々、無異儀仕合尤之由申了、

一、松禅院来儀、祝言表祝旨了、

一、安部修理殿(政澄)より

さらし拾疋・馬代銀子壱枚 道有取次也、但昨日留守中也、

晒 馬代銀子

一、諸白壱荷

諸白

一、同前」

(72オ)

一、同前

一、同前

一、扇五本入箱 少納言

扇

一、扇三本入箱 作州アねムコ 孫四郎

一、帷子ふたつ者 孫四郎へ遣之、

帷子

昨日供奉随身七人 先日両度

一、帷子七つ遣之、

右今日遣候也、」

(72ウ)

一、さらし四疋者 東大寺僧衆四人へ

右（アキマヽ）　東大寺の少納言へ

一、杉原壱束者　　杉原紙

廿六日、甲申子、天晴、

此日御八講結願也云々、当座上卿内府、次七人着座、

出居、

一、ねり島弐端者　　あねひめ祝言表祝旨也云々、北野しゆせい持参」　　練縞

一、手燭弐つ者　　平兵衛進上　　（73オ）　手燭

右今日よりあねひめに奉公人也、

一、かいあわひ豊後の也云々、しほの也、　一、さうめん弐桶者　　塩貝鮑　索麺

右細川越中守殿より、伯耆使者也、（志水元五カ）余謁之、妙しゆ院息之事、弥以憑申也

云々、禁中へ御内証相尋候て、従是可申由令報答了、

廿七日、乙酉丑ミ、天晴、」

此日千世鶴殿始而伏見へ御礼也、於内々御対面也云々、　（73ウ）　千代鶴家光に初見す

廿八日、丙戌、天晴

此日伏見御礼触来、朔日之由伝奏より使者也、
此夜はうせう院殿并大閤御所政所殿来儀也、（鷹司信房室、佐々成政女）
同日従女御さま三荷三種給候也、」姫へ三重薄帯拾筋・ヲシロイ廿箱・へにへら
十・たたうかみ十対、
一、　禅閤御所さまより　　一、単・薄帯　つちへ
　　　　　　　　　　　　右禅さまより被遣之、失念、仍記之、
　姫君の御かたへ　御よめり以前進物
一、杉原五束　并板物五端内義にて被進候、　右京大夫へ
　　　　　　　　　　　　　　　　　　　　　御ちの人也、
一、杉原拾帖・銀子者　　御つまの御かたへ
一、美濃紙五束者　　御ちや〳〵の御かたへ」
一、同前　　御しもへ
一、美濃紙参束者　　こさい相へ
一、同前　　新さい相へ
一、同前　　こ大夫へ

徳川和子より祝儀を賜う（74オ）
薄帯
白粉
紅筂
畳紙
兼孝より姉姫への進物
単
薄帯
杉原紙
板物
銀子
美濃紙
（74ウ）

一、同前　　さい相へ
一、同前　　さあへ
一、八束者　小性〔姓〕四人、とう・なつ・ふく・かち
一、弐束者一束つゝ　御すえ両人へ　あここちや」

(75オ)
廿九日、丁亥、天晴、
此日午刻許、姫長櫃とも上下合六十二分信浄院へ持せ遣候、此人足門人とも也、二百人計也云々、持申事門人等相争候也、奉行従門主十人計、又自此方十人許遣之了、

姉姫の長櫃を東本願寺へ送進す

拙者より姫へ

姉姫への進物目録
唐織油単
半長櫃

一、唐織のゆたん・半長櫃壱荷新調、こうかな色板表壱巻入申候、」

(75ウ)
葛籠
一、つゝら弐荷、緒迄新調薄杠〔紅〕の也、文牡丹丸之内、

近江国図金屏風
一、金屏壱双江州壱国図也、

又忠象卿より姫君へ

一、金屏壱双四尺の也、　此代弐百目也、余調進也、ちやぼ肝煎也、御乳也、

羽二重小袖薄帯
一、はふたいの小袖壱つ着候の也、・薄帯壱筋　右京大夫へ

右薄帯者、壱筋千世御乳肝煎調遣候、

羽二重袷

一、はふたいの袷壱つ者　　つぢへ遣之、余着用新の也、

御つまへ御かめの事也、」

黒塗鏡台
黒塗櫛箱

一、黒ぬりのきやうたい　　一、同くし箱

歯黒箱
手拭掛け

一、はくろ之箱　　一、手ぬくいかけ

耳盥
手水

一、みゝたらい　　一、ちやうずくろぬりゆつきまて

（76オ）

染夜物

一、染夜物赤裏かの也、錦千弐百目入候、

右疋かの一条ひな屋にてかい申候也、ぬり物とも ハ祢々御乳取次也、
（野々口立圃）

諸白

一、諸白壱荷　　いつき進物兵部取次

（76ウ）

森忠政肝煎の医師法橋を望むも取沙汰せず

此日頭中将来儀、被申云、森右近殿」肝煎のくすし申法橋之事也、去春比申入候へ
（忠政）

共、取沙汰有間敷被仰候との事也、尤之由今日以兵部大輔三条西大納言殿へ申遣了、
（実条）

せい法印の法眼直叙を認む

又せい法印直叙法眼之事、越中守殿へ小折紙被上候て、可然由申遣了、是又兵部へ

申渡了、

単織筋

一、単織筋壱つ者　　庄左衛門へ」

晒

（77オ）

一、さらし壱端裁て　平兵衛へ

一、同前　権三郎へ

一、同前　喜兵衛へ

樋口信孝つじを猶子となす

此日樋口少将信孝つちを為猶子者也、今度小上﨟分故也、

一、今日宗弐并道安（武田信重）来儀、申置了、

一、藤三郎并武右衛門等来、謁之了、

此外出入者とも少々来儀也、」

黒塗燭台

（77ウ）

一、燭台壱つ黒ぬりの也、　道石向居住　御ミや進上

右一昨日被進候也云々、

晦日、戊子、天晴、

昨夜雨降、今暁晴了、

杉原紙 薄帯

一、杉原十帖・薄帯壱筋者　かう安進上也、

右姫君への祝義也、御乳取次也、

姉姫東本願寺に嫁入

一、今夕秉燭よめり、信浄院門跡へ、

単帷子

一、警固両人侍板倉もの也、単壱つ・帷子ふたつつゝ」

一、帷子ふたつつゝ　雑色両人へ遣之、

青銅

一、青銅参百疋内義より銭者遣之、　道具持中間十人之内へ

右単とも帷子とも者、皆余方のを遣之、銭者不所持故、房に申遣之、左衛門督取次也、

座頭祝儀進上

一、銭壱貫弐百文者　座当〔頭〕四五人祝義計也、

（78オ）

一、此夜姫君供奉諸大夫両人因州・作州等也、残諸大夫不参、不申付故也、侍不残供遣了、

家光より使者到来

若公方家光公より安部備中守御使者、」

銀子単帷

一、銀子弐百枚幷単拾・帷拾也、　余方へ

（78ウ）

一、同五十枚幷単拾・帷子拾　忠象卿かたへ

閏八月

朔日、己丑、天晴、申刻陰、

姉姫嫁入の目録　完子の目録を書写す　織筋

此日先日信浄院江持せ候余分目録、従内儀（豊臣完子）の写今日記之、よめりの時の事也、

一、赤き織筋　合拾端

練貫単物

一、ねもし単物　合拾端」

一、色なし織筋分　合拾端

（79オ）

練縞単物

一、綾単物　合拾端

一、ねり島単物　合拾端

金色単物

一、かな色単物　合拾端

一、色なし袷あやさや　合拾分

唐縞板物

一、からしま板物　合拾端

練板物

一、ねりの板物　同前

一、染帷子　合参十分」

晒帷子

一、しろきさらしの帷子　合参十分

（79ウ）

高宮帷子

一、たかミやの帷子　合又参十分

右先日よめりの時余分に遣候分也、

閏八月朔日己丑、同又従内儀姫方へ（成等院、宣如光従室）

一、りんすの薄単弐つ　　一、織筋の単弐つ

一、紅梅単物壱つ　　一、わきあけの単此内染物単ふたつ、白りんす薄単参つ、

一、女房織筋九端　　以上今日又姫へ内義より被進候、

昨日信浄院への銀子持せ候覚」

一、拾枚九包　　一、五枚参包　　一、参枚七包　　一、弐枚八包

又拾枚拾弐包、又七十二匁と箱二つ参候、

又今日申刻、

一、明日朝時分土井大炊頭殿（利勝）為御使者可被参旨、板防州（板倉重宗）より有使者、

一、此日巳刻許、三井寺のくわんがく院僧正杉原（実雄カ）十帖・わうどん壱巻持参也、

右僧正成一礼也、」

一、今夜法度書姫かたへ書付遣候、弥兵衛使者遣候也、

一、蠟燭百挺入姫方へ従内儀被進候也、

二日、庚寅、朝間天晴、午刻雨降、

（80オ）
（80ウ）

綸子
紅梅
脇明
銀子持参覚
三井寺勧学院よりの進物
杉原紙
黄銅
姉姫へ法度書を送進す
蠟燭

秀忠関白辞退を了承す

千代鶴土井利勝に初見す

此日従大御所秀忠(徳川)公以土井大炊頭殿、今度関白辞退之儀御心得被成候趣也、則当座以使者壱岐守(矢野秀政)三条西大納言実条卿江此旨奏聞頼申由申了、今日千代鶴殿(松殿道昭)大炊頭とのへ始而被面謁了、」

今日板倉周防守殿同道也、振舞申了、

(81オ)

一、午刻従信浄院(宣如光従)門主左近使者、十種十荷被表祝旨了、

右使者へ従内儀遺物、

一、袷・単物并銀子五枚也、

一、銭拾貫文者　姫方へ従内儀遣用として被進候也、」

但樽右分迄不分内外為音信者也、

馬代銀子

(81ウ)

一、馬代銀子壱枚者　今日使者左近持参也、

一、今朝銀子壱貫目但五百目包弐つ也、

右去春比御借用のを、従随門主(増孝)今日返弁也、

若政所殿(豊臣完子)より　信浄院ヨリノスソ分也、

昆布九万引諸白樽餅

一、昆布五そく　一、くま引拾　一、諸白樽弐荷　一、餅廿也、

昨日寺町中より

串鮑

一、昆布五十本　一、くしあわひ五連　一、諸白壱荷と也、」

（82オ）

上美濃紙

一昨日

上美濃紙壱束者　　三条紙より

一、此日昨日報答寺町中へ

昆布五そく　くま引拾　餅廿　諸白壱荷

慶光院へ徳川和子祈禱のため銀子を遣わす

一、銀子弐枚者　伊勢上人（慶光院周清）へ

右女御さま（徳川和子）為御祈禱進候、願成就以後参宮可申立願也、此旨則上人へ申合、

慶光院と宿坊契約す

宿坊令契約了、」

（82ウ）

一、銀子壱枚者　二条殿（康道）より御すそ分也、

一、同前　二条殿より若政所殿へ

一、銀子参枚者　同前禅閤様（九条兼孝）へ

一、同弐枚者　同前大政所殿（高倉熙子）へ

一、銀子五枚者　二条殿より瑞竜寺殿（日秀）へ

右二条殿より四所へ給候、御乳の人御使者也、

去晦日被進候の也、
右若公方(徳川家光)成御すそ分とも也云々、今夜一位殿(阿茶局)来儀、

従今夕終夜雨降了、」

(83オ)

日野輝資死去

此日日野唯心(輝資)死去也云々、使者遣了、当年六十九歳也云々、

信浄院を東本願寺と記す事家康公御朱印の先例あり

一、今夜一位殿言談云、今度捧物に札付候に、信浄院ヨリ被進献候のを、東本願寺と書付候のを、捧物所奉行如何と不審被申候ヘハ、先年家康(徳川)公御朱印にも東本願寺と有之、仍此朱院(マヽ)ミせ被申、尤之由被申候也云々、又内義之事ハ掃部次第と門主(宣如光従)申付られ置事也云々、」

(83ウ)

三日、辛卯、雨降、従夜前相続也、

此日単物四つ者、若政所殿より御かへし候の也、
右先日民部卿孫達此外両人誰やらん被遣候のとき、御遣用の也、

巳刻姫方より喜兵衛来、昨日進物写持せ到来也、又申云、女御様ヘ御進物、門跡さまより参候、如何仕候ハん哉と申来候、先延引尤之由従内儀報答也、又暁勤行ヲコシに参候、人躰しもと又ハ宰相と可然由申遣候、夜中儀候間、右京大夫御むやう也云々、」

頭中将季俊(正親町)朝臣ヨリ表祝言也云々、

(84オ)

昆布
干鱈
諸白
美濃紙

一、昆布五そく　一、ひたら十枚　一、諸白壱荷

右使者ヘ美濃紙弐束遣候、

一、茶屋与市ヘ美濃紙壱束遣之、

三色棗

三色なつめに　進上返報也、今度御祝言珍重旨也、

関白辞退を慶し一首を詠ず

一、昨日当職辞退之儀、御心得候由以土井大炊頭被仰出候、為悦之次今日愚詠

一首和歌巳刻許也、

老ぬまに二度越シ位山もとのねさしにかへるうれしさ」

(84ウ)

朝山吉信返歌
信濃小路宗増返歌

右愚詠返歌両人兵部大輔(朝山吉信)幷淡州(信濃小路宗増)等也、

位山二度越シ道シアレハまたも雲井のシルヘトヲならん　吉信(朝山)

のほりても越テモ雲の上ナレハおなし高根の位山哉　宗増(信濃小路)

徳松院等祝儀進上
昆布
塩鯛
諸白
するめ
新酒

一、昆布　一、塩鯛五枚　一、樽壱荷諸白　徳松院(禅昌)

一、昆布　一、鯣五連　一、同壱荷新酒　昌琢(里村)

一、昆布　一、塩鯛五枚　一、同壱荷新酒　昌現(里村)

右今度表祝言来儀持参也、

一、帷子五之内単弐つ者　御まんさま(鷹司孝子、徳川家光室)へ御はなむけ」

右今夜鷹司大閤(信房)御所へ余参候時持候也、於書院各被謁、有配酌事、

（85オ）鷹司亭に赴く

四日、壬辰、天晴、

鷹司孝子御供衆への遣物覚

辰刻許以左衛門督御まんさま御供衆へ遣候覚

銭

一、銭百疋　木工介(木多村)へ

一、同前　御ちの人の子 小少将へ

一、五百文者

一、同前」

（85ウ）

一、壱貫文者二百文つゝ　なかい両人・下男三人へ遣之、

右今日余書院迄御出候て、御出門也、大閤御所の北政所殿(鷹司信房室、佐々成政女)も御同道候て被成候也、小大夫先是被参候て被待申、則有配酌事、御供申江戸下向也、

銀子

一、銀子弐百目者　小大夫へ於書院遣之、

此次人足肝煎申候とて摂州来(弓気多昌吉)謁之、則有配酌事、」

一、杉原十帖・鈍子壱巻者　兵部卿法印（今大路親昌）テンヤクノカミ ミミミミ
一、杉原十帖・末広壱本者（延齢丹）　兵部卿法印 道三（今大路親清）
右道三子息也、仍令同道為謝礼来、寿昌院案内者来儀也、謁之有配酌事、
一、昆布一折五そく　一、御ひう一折十　一、小ほつかい壱荷　一、樽壱荷
右信浄院（成等院）内儀より、但従内儀十種十荷・樽為祝義被参候、此方下男帰候刻、
言伝候て給候也、従内儀使者千代御乳参候也、」
一、諸白樽壱つ者　新社家持参
（86ウ）
一、大樽（諸白）壱荷　一、昆布廿　一、のし廿把　一、しを引拾疋　此日使者也、大炊頭（土井）殿より
右今度祝言珍重、罷上申也云々、
一、四方綿百把者　若政所殿へ（同所より）
又昨日両所より
一、昆布三束、一、するめ十連　一、柳三荷但七升入也、　塩小路殿より
一、昆布弐束　一、鯛塩弐かけ　一、京樽壱荷　左近（若城）持参
右昨日両所よりの也、」

（86オ）
杉原紙
緞子
延齢丹
末広

昆布
小外居
樽

諸白樽

大樽
熨斗
塩引
四方綿

するめ
柳樽

鯛
京樽

（87オ）
一、銭百疋者　信浄院内儀より樽禅閤様へ被進候、樽持へ被遣候也、

一、帷子　同所使者喜兵衛へ　禅さまより被遣之也、

拾貫又内義よりかい置候のを遣候事、
右此夜銭拾貫分内儀よりかい置候のを、拙者取申候此内也、今日遣候悉此内也、

一、銭百疋者但昨夜十貫之内　千代御乳かり申候、今日七条へ為使者参候故也、門主への礼物云々、

姫へ引替候銀子之事、合六枚、
一、銀子五枚幷又壱枚者　掃部へ渡、

大糯子　縮緬
（87ウ）
右今日土井大炊頭殿へおゝじゆす二巻七条内儀(成等院)ヨリ被遣度由申来候、些少候間、五枚引替候」又ぬいとのへ杉原十帖・ちりめん壱巻との事候間、此方へ銀子壱枚分、都合六枚掃部へ渡之了、

一乗院殿二品之事、
一、一乗院殿(尊覚入道親王)二品之事、御談合也云々、

尤之由申了、三条西大納言実条卿為勅使者也、雖為辞退之後、勅問之間如件、

五日、癸巳、天晴、入夜亥刻雨降、

暇乞いのため伏見へ参る
此日伏見御暇乞参候、各諸家少々、但摂家衆・門跡衆等也、」

杉原紙　緞子
（88オ）
一、杉原五十帖・鈍子五巻　余進物也、

単袷

一、五之内袷二・単三者　忠象卿(九条道房)進物也、
右杉原者、拾四匁つゝの合六十目の也、因州取次也、単・袷等者、従内義出
候也、鈍子者、余所持申候の内也、

台

一、左府(近衛信尋)御進物同前　但鈍子ソロイタルヲ不包、其儘進上也、台各別に二つ也、

薫物香
引合

一、一条殿(昭良)　薫物香包壱つ幷引合拾束等也、

一、八条殿(智仁親王)より　鈍子五巻、不包其儘也、杉原十帖台別也、」

(88ウ)

一、伏見殿(貞清親王)より　物数拾単・袷等歟、

一、大閤信房公ヨリ　鈍子五巻計也、

一、二条殿より　杉原十帖・鈍子五巻等也、同台壱つ入申候、

一、大将殿(鷹司教平)より　杉原五束・鈍子二巻等也、

一、忠象卿ヨリ　五之内白袷弐つ・単三也、

右之外門跡衆進物種々也、

藤森にて康道
弁当振舞
旅籠
銭

此伏見帰路藤森(山城国)にて、二条殿弁当御振舞、小性共迄也、下男分はたこ申付候也、」

(89オ)

一、銭　藤森宿へ遣候、

右二条殿ヨリモ相定遣され候とて候へとも、又余遣候、

一、諸白壱荷・はむ百本　道安(武田信重)持参也、

右今度表祝言持参也、入夜来謁之、

諸白
鱧

六日、甲午、

銀子五枚者　一位殿へ

同弐枚者　御ちや〳〵へ

同壱枚者　るりへ」

銀子

一、同日五十八匁数四つ者　俊(雄峰永俊)長老判領代

(89ウ)

右今度あね(成等院)姫表祝言以因州遣了、

右東福寺俊長老成判一礼米弐石代、左衛門督取次也、正鎮上申也云々、

一、京樽壱荷・昆布拾束・柿九十　東福寺惣中より

京樽
昆布
柿

一、柿八十者　柔(剛外令柔)長老より

此日来儀東福寺衆、柔長老・玄(圭叔竜玄)長老・格(越渓礼格)長老・昌長老・俊長老・学西堂・春輝庵・

西堂(セン)等也、」

東福寺衆来儀

茶の書物

一、茶之事書物壱巻者　　円弥進上

右一覧已後可返弁也云々、淡州使者也、

(90オ)

猿曳

一、百疋者　　猿引へ

差縄

一、赤きさしなわ四筋者　　猿引進上

道安任法眼の口宣出さる

此日道安法橋申法眼口宣勧修寺弁(経広)より出候也、

右趣申候て、今夜道安参候也云々、

家光より到来の品
緞子
大蠟燭

伏見公方様より

一、鈍子五十巻并大蠟燭五百挺者」

(90ウ)

右若政所とのへ

袷
銀子

一、袷五重并銀子参拾枚者　　千世鶴殿へ

右御両所へ御使者佐野権七(正直)殿、十八九計也、余并房等謁之、有配酌事、初

夜時分被参候也、

七日、乙未、天陰、申刻雨降、

伏見の家光への進物

一、今朝巳刻許、伏見将軍様(徳川家光)へ進物、若政所殿ヨリ

袷小袖
一、袷五之内小袖三つ、染物弐つ、赤裏也、織筋紫うら・綾島白はふたい袷也、」

銀子
（91オ）
一、銀子参枚并袷・単等壱重者
右昨夜御使者佐野権七殿へ、今度諸大夫に被成下候て、左京ト云也云々、
今日従内儀使者、道有也、
此次関白辞退之儀、酒井雅楽頭（忠世）殿申候へハ、明日罷上候間、大炊と談合可申由被申候也云々、
一、四之内袷ふたつ・単物ふたつ也、

古筆の短尺を阿部正次に遣わす
今日短尺古筆弐枚、安部（阿）備中守（正次）殿へ、依所望音信留、酒井雅楽頭殿へ若政所殿より」
（91ウ）
淡州以書状伏見へ遣候、

邦高親王短尺
神祇
夜るひる（マヽ）をてらすもおなし影なれや
天つ日よしに月よみの神　　邦高

三条西公条短尺
又一枚者
かへるへき道なわすれそ老つるも
のほれはのほる雲井ならすや　　公条（三条西）」

(92オ)
八日、丙申、朝間雨降、

午刻袷・単合壱重あわせはふたいのしろき、単織筋等也、右そうていへ遣候、今度祝言肝煎一礼、余謁之、有盃者也、言談、来月辺信門(宣如光従)来儀可然由申了、

此日若将軍家光公為御贈樋口少将(信孝)進了、未刻帰られ候、

一、茶壺壱つ、ちいさき茶入候て、禅さま進候、つめ極ソ、リを入て進候、」(92ウ)

一、申刻千代鶴殿東福寺学文所へ初而入寺也、仍弼(マヽ)もたせ候、諸白樽・新酒樽等ふたつ持せ候也、

一、同刻末時分、唯心の追善として銀子壱枚遣之、大納言資勝卿(日野)所へ以作州(山本慶泰)為使者了、

九日、丁酉、天晴、

一、伊勢祭主事、(大中臣種忠)以兵部板防州へ」(93オ)内談申候へハ、祭主子息可然之由被申也云々、然間三条西大納言殿へ以兵部申趣、此等旨先主上(後水尾天皇)へ申上、以其上近衛関白殿(信尋)御理可申候哉と申遣了、

一、関白之儀、一昨日近衛殿へ被仰渡候、為御使者板倉周防守今日以兵部大輔言伝関白近衛殿へ相渡候事、同八月七日乙未従大御所秀忠公被仰出也云々、

茶壺そそり

千代鶴東福寺学文所に初めて入寺

諸白樽新酒樽

伊勢祭主子息を祭主に任ずる事

秀忠より近衛信尋に関白の仰せあり

被申候也、以使者可申処、昨日者公方様御下向御送参候故、無其儀候き、」然
間御言伝申由也云々、

（93ウ）

千種有能叙爵の事

十日、戊戌、朝間陰、
千種叙爵之事、勅使甘露寺
辰刻許、為　勅使甘露寺弁(時長)来儀、仰云、千種源有能申叙爵之事也、去八日被仰出旨
也、勅答申云、去七日丙申に関白之儀近衛殿へ以板倉周防守従　武家御所(徳川秀忠)被仰出候間、
此趣御理被申候て、殿下(近衛信尋)へ可被申之由申了、」

（94オ）

索麺箱

一、さうめん箱壱つ　東寺普賢院持参
一、好安来儀、玉松(栄厳カ)ミセ候へハ、薬可然由申也云々、

来十七日柔長老紫衣被露あり

一、竜眠庵柔長老紫衣のひろめ来十七日之由、従次右衛門以書状申来候也、
一、下緒三くたり(具)　伊勢祭主子息持参
一、此日御なあの母儀初参也、奉公内々望也云々、七条西門主(准如光昭)へ内意也、九条村

柿

未刻▨(許)柿五十計　武兵衛進上

（94ウ）

美濃紙

美濃紙弐束者　武兵衛へ遣候也、」

近衛信尋へ関白就任の祝儀を送る

目録　近衛殿へ樽三荷三種

昆布拾束　ちまき弐百者　塩鯛参拾　南都諸白三荷

右関白祝儀樽也、門内迄此夜参候也、今度取寄候内樽也、又樽壱つモリ候て、少残遣候、以上今度南都樽七つ遣候也、

此日カイナン事、御乳言談、御暇被申旨也云々、

十一日、己亥、天陰、微雨時々、

此日銭五百文者 内儀房手前より 東福寺忠象卿学文所へ藤十郎へ渡也、」(95オ)

随門主より有使札、今日大御所様へ薫なつめ壱つ桐箱に入候て、被進候者也、ふくさ物にて包まれ候也云々、

一、去七日四重箱、上者肴物五種計、下三重栗紛〔粉〕餅、七条東門主内儀へ音信也、又同九日一昨日也、同前肴餅并とつくり家へ入候、壱つ七条へ同前、今度一昨日迄両度内々音信是始也、

一、此夜大重箱三重、上肴、下二重でん・餅等、（豆府〔腐〕三十ちやう・餅百又申候、）諸白斗樽壱荷、七条あね姫へ又進候、因州為使者 内々儀也、」(95ウ) 初夜出門已後頓而初夜鐘鳴了、雖夜入昨日小少将中帰参候、朝可音信之由、令契約条申付了、首尾無心元式也、見合可披露之由因州申含了、

昆布 粽 塩鯛 南都諸白

四重箱 肴物 栗粉餅 徳利

大重箱 田楽豆腐 餅

掃部部屋迄密々
参候へと申付候、

一、午刻許近衛殿より進藤修理(長滋)昨日為謝礼来、為悦之由令報答了、

（96オ）

一、初夜過亥一点計因州帰、姫返事并右京大夫等添状一礼(札カ)有之、様躰小少将罷出」語趣、御門主御機嫌にて御ふくろあねこ、今度御待女房なと呼候て、ひろめ候へと被仰候由申也云々、やうく御しつまり候ハんと候つる時分、よく候つると申候也、

又姫君返事に、今日東福寺へ為御見舞掃部進候趣也、因州罷帰刻掃部も帰候て、逢申候也云々、

十二日、庚子、天晴、」

（96ウ）

午刻好庵(土屋虎隆カ)来、余謁之、有盃、

未刻出門、千代学問所への志也、并又東九条村屋敷内々密々見物可申所存也、

一、諸白樽壱つ・重箱果子入候、　壱岐所へ持せ候、

諸白樽
重箱

一、銀子参枚者　千代鶴スソ分銀子帳　今度卅枚之内
千世より
柔長老へ　紫衣祝義

銀子

一、同拾匁者　　御乳人へ　千世より」

一、同拾匁者　　次右衛門へ　千世より

(97オ)

申刻出門、

弘法大師散銭
一、東寺弘法大師散銭百疋進候、

袷
一、袷壱つ はふたい新き一両度着候の也、　観智院(亮盛)へ

白晒帷子
一、白さらし帷子壱つ者　同弟子宮内卿へ

右帰路、東九条村立寄候て、壱岐所へ参候也、

米
一、米壱石折紙者　壱岐守へ

白袷
一、古き白袷壱つ者　同女房ちよほへ」

高宮帷子
一、たかミやの帷子壱つ者　同兄子息へ

(97ウ)

一、同前　信濃へ 壱岐兄也、

柿
此日柿一折廿許、信濃進上也、

一、かき拾計者　九兵衛進上

豆枝
一、豆枝一折者　武兵衛進上

東寺参詣東九条村屋敷東福寺千代鶴学文所を見物す

此日申刻許出門、東寺へ参詣、次東九条、次東福寺竜眠庵之内千世学文所へ始而参候て、振舞申付候、忠象卿・柔長老来儀、」

子息等を連れ帰る

一、今夜忠象卿・千代等令引率帰宅了、明後十四日依参内也、(98オ)

十三日、辛丑、

杉原紙

一、杉原拾束ツ、若政所殿と余とへ　姫方より

祢々姫へ杉原拾帖　姫方より

右京大夫使者参候也、

晒

一、さらし壱疋者　右京大夫へ遣候、

扇

一、杉原拾帖・扇弐本入箱者　右京大夫進上」(98ウ)

板物

一、杉原拾帖、板物壱端者　若政所殿へ右京大夫進上

縮緬

一、ちりめん壱巻者　若政所殿より右京大夫へ遣候、

寿正院法印より

赤緞子

一、杉原拾帖・赤鈍子壱巻者　法印成祝儀

右持参也、自禁中大御所さまへ被仰入候て、法印勅許也云々、

懸盤
一、かけばんひとくみ者　　姫方へ若政所殿より

蠟燭
一、蠟燭百挺者　　姫方へ余進候也、」

右京大夫へ両条言伝申候也、

天海弟子公海を猶子となす事
猶子之事、
此夜従毘沙門堂(天海)、弟子(公海)花山前右府(花山院定熙)息〔孫〕也、余猶子可然由土井大炊頭被申間、望被申由、以松禅院(慶俊)前大僧正使者也、報答、板倉周防守へ明後日令談合、以其上返事可申由申含了、

(99オ)

盃台
南都諸白
一、申刻許、盃台金の三方にスヘタル并南都諸白弐荷以因州為使者、」禁裏へ令進上了、明日依御能也、

(99ウ)

袷の桁を直せしむ
一、此日袷壱つ着用に新ヲユキナヲサセ申候也、

内儀蔵より小袖を取り出す
小袖之事、
一、今夜内義蔵より余着候新小袖弐つ、白はふたい也、并さやの洗小袖壱つ取出候、又余蔵より先日新白はふたい弐つ取出候、此内壱つ内儀蔵へ入置候也、

十四日、壬寅、天晴、昼少陰、又晩未刻晴、」

(100オ)

禁裏御能
此日於禁裏有御能、武家大御所秀忠公御参内也、能五番、次出御、次大御所被候御前、此後関白近衛殿以下次第参御前、両前右府(西園寺実益・花山院定熙)等祗候、今

度有内府（二条康道）上座、先年御法度已後、当官上座前官大臣、大臣与大臣之内前官大臣上座、
是始也、但三条西実条卿失歟、
一献以後先大御所御退出、御礼被申了、此後」主上入御、諸家一礼申退出、已後於
清涼殿各有御振舞、盃酌之後退下、此日武家・公家衆、松平下野（蒲生忠郷）三十歳計、鼻高仁也、・サタケ（佐竹義宣）五十
歳計仁也、・ナガウ子歟孫歟、十七歳計、・ナヲツグ正宗（伊達）息（忠宗）廿五六歳卅許歟、・ニワノ五郎左衛門（丹羽長重）六十歳許歟、・
イヒノ掃部（井伊直孝）、大沢少将（基宿）等也、
十五日、癸卯、天晴、
辰刻許余出門、二条城大御所へ今度当職」辞退幷両女縁辺御肝煎等御礼参候也、進
物大たか壱束、橘打枝薫物入候て令進献、於御前余一礼、取次大沢、進物板倉周防
守等也、此進物則防州次間へ取候てから、大沢と令同道御前罷出、大沢申云、今度
関白御辞退之儀、御祝着思食候由申了、
被仰云、御理候間、不及是非式也、余申云、今度女とも之儀、是又過当趣申了、」
扨一礼申罷立候へハ、縁迄送りに御出被成候、入御申候て退下、於書院有御対面、
土井大炊頭幷永井右近大夫（直勝）等ゲンクワン迄送被申、乗輿暇乞して退出了、

（100ウ）　（101オ）　（101ウ）

当官前官の座次

清涼殿にて振舞あり

関白辞退両女縁辺の礼を秀忠に申す大高檀紙橘打枝

松茸

茗荷

蠟燭
馬代銀

越前綿

奏者所

東九条村新宮
森跡見物す

一、禅閤御所・大政所殿等来儀、

一、まつたけ一折卌計　三好因州（一任）より

一、めうが一折台也、　三門主（義演）より

一、南昌院召長老（棠陰玄召）来儀、」

一、観智院来儀、

（102オ）

十六日、甲辰、天晴、

一、蠟燭五百挺者、馬代銀壱枚者　本多中務（忠刻）

一、越前綿五十把者　同人より若政所殿へ

右此日未刻奏者所迄被参候也、申置被帰了、

未刻許、東九条村新宮森跡見参、東万里小路、西高倉、南九条、北信濃小路、此内新宮森之事、

弐町つゝ四方也　藪鼻（畠カ）等有之、」

（102ウ）

右作州所へ弁当持せ立寄候て、銭百疋遣之、

銭八百文者　茂兵衛・九兵衛等へ遣了、　二条殿庄屋両人

此帰路七条東門主（宣如光従）門前通了、今日門外是始也、入夜帰宅了、

宣如より祝言の供分を送る　銀子　袷

十七日、乙巳、天晴

此日未刻七条東門跡より

一、銀子五枚・袷　　堀川中将殿（康胤）へ

一、同参枚并袷壱重者　　因州へ」

（103オ）

一、同参枚・袷ふたつ者　　作州へ

一、同前者　　道有へ

一、同前者　　喜左衛門へ

銭

一、銭五貫入つゝ　　布衣四人へ合弐十貫

一、同五十貫者　　惣中へ

右今度祝言之時の供分と申候て、来候也、左馬使者、掃部案内者也、

小巻緞子

一、小巻鈍子ふたつ者　　法眼（セイハウイン）」

（103ウ）

右案内者、出納来候也、

杉原紙　清心円

一、杉原拾帖・から島壱端者　清心円二十丸者　道安法眼成礼持参

下の紙

銀子を内儀に返弁

銀子壱枚御房へ返弁之事、

先日銀子壱枚者、内儀より千代御乳取次、かい物之内かり候て遣候を、今日

房へ返弁也、昨日本多中務殿ヨリ来候馬代銀子壱枚、今日酉刻返弁也、内儀
前又千代御乳にも返弁、理申目前にて渡候也、」

一、袷参つ者　　青山大蔵殿より
右作州所迄書状参候也、

(104オ)

十八日、丙午、

此日大御所様へ諸家御暇乞也、今日殿下御進物鈍子拾巻并杉原五十帖・太刀折紙也、
此外進物悉各停止、今度殿下御一人進物被進候者、関白拝賀一昨日此御礼也、忠象
卿ねふと出来候故、不参也、門跡衆此外」直近諸家衆等歟、

(104ウ)

一、杉原拾帖并清心円二十丸者（下の紙也、）　　法眼道安
右昨日持参申候也、今度法眼罷成候一礼也、

一、杉原拾束并白鳥壱羽者　　播州姫君より（千姫、本多忠刻室）

一、四方綿参十把者、雁弐羽者　　同所より若政所殿へ
右形〔刑〕部卿使者被参候也、

此日随門主帰られ候刻、来儀也、栗餅五十、昼振舞申候、左衛門督へ申付候也、」

近衛信尋のみ秀忠へ進物あり
忠象根太出来につき不参

杉原紙
清心円

白鳥

四方綿
雁

栗餅

明日令柔の紫衣披露

（105オ）一、杉原弐十束者　柔長老へ忠象卿殿より

右今日遣候へ共、明日長老紫衣ひろめの御振舞、則千代鶴殿学文所にて忠象卿被申入候て、振舞被申候故、御ミやけに被遣の也、

猶子之事、此夜松禅院来、毘沙門堂弟子猶子之儀也、子細条々理無同心之旨申含了、

十九日、丁未、

辰刻頭ヨリ雨降、」

蠟燭

（105ウ）一、蠟燭参百挺者　井上主計（正就）殿より

廿日、戊申、

徳川和子御産方角の事

三宝院門主等に方違祈禱の事を尋ぬ

天晴、此日未刻許、権中納言殿よりきいして申給候、其儀女御御方御産方之事、御里御所当年鬼門金神相当申候、其上御座所艮鬼門当候、方違御祈禱有之事候哉、三（106オ）門主・随門主等へ相尋候へと申来候、吉方にて御誕生能候ハん哉と」両条相尋候へと被申候間、則大事儀と思候て、申刻許出門、三門主へ参候、先是此旨随門主へ立寄尋申、令同道三門主へ尋候へは、金神・鬼門等御祈禱先例有之事候へ共、吉方にて御誕生尤可然候、以其上猶厳重御祈禱大慶思食由被仰候也、亥刻従三門帰京、送三

(106ウ)

門主より廿人計、随門主より十人余也、」五条橋越て帰了、寺町伝右衛門供召続候了、日庸〔傭〕二三人歟、道有下男両人かし申了、

杉原紙 間道縞 末広

一、杉原十帖・かんと島小巻ふたつ者　三門主へ

一、杉原十帖・末広壱本者　御弟子へ

○右杉原弐束幷末広等ハ、随門主にてかり申了、

一、銀子壱枚者、随門主へ、同参十目者、随門家中へ、」

(107オ)

右三門主へも随門主へも当年始也、旁以表祝旨者也、

廿一日、己酉、

天晴、巳刻許雨降、晴了、

天海弟子公海を猶子となす旨を了承す

一、午刻許東門主より使者左近来申云、毘沙門堂弟子児之事、四五日以前に可被仰通由被仰合候、其上今程異儀無之候間、御猶子之儀」御留なく候由申候間、則松禅院来候間、左近居申候座敷へ呼出、同心旨返事申了、忝由報答也、此由松禅院来申了、

(107ウ)

諸白

一、諸白壱荷　余方へ大乗院門主〔信尊〕より

油煙

一、油煙拾ちやう　　同御方御所へ（九条道房）

一、同前　　若政所殿へ（大乗院門主より）

杉原紙　綸子

一、杉原十帖・鈍りんす壱巻者　　あね姫へ」

右大乗院殿より因州為御使者、謁之、有盃者也、

銭

(108オ)

一、銭五百文者　　大工与兵衛へ遣了、

右先日表祝言折、進上返報也、

東九条村新宮森再興のため大工与兵衛に吉田社の見分を命ず

鎮守之事、

此夜春日社吉田のことく、但一社分つもり可申由与兵衛に申出了、此儀東九条村新宮森可再興内意也、仍先相尋了、明日吉田へ与兵衛参」社大さ其宮作同前、可覚

(108ウ)

悟之由申付了、

和子御産の吉方につき三宝院門主の文を権中納言局に伝う

一、今日従三門主有御書、余方迄也、昨日之儀也、鬼門・金神等之事也、則権中納言殿へ申進候、祢々御乳使者遣了、返事権中納言自筆にて給了、門主文趣仮名にて書付候て、持せ遣、又三門主文に相添進了、

千代鶴学問所にて灸治

昨今千代於学文所灸治也、」

(109オ)

鰈

一、今日従二条殿忠象卿并千代学文所へ木工御使者、魚ノかれ壱つゝ御音信也云々、

大仏餅

一、此日千代御乳物語云、昨日兵部大仏餅忠象卿・千代鶴殿・柔長老へも持参也云々、

秀忠江戸に下向

一、此日江戸大御所秀忠公御下向御出門也、御送に因州進了、

毬栗

一、松尾内蔵允いか栗台壱つ（イカ 参十計）持参也、

那須野紙

一、なすの紙参束者　　松尾内蔵允へ遣候也、」

橘打枝

此夜橘打枝薫物入候て、播州姫君へ、

右形部卿殿方迄遣候、与三文飛脚、内儀よりの文に言伝候也、

（109ウ）

唐津焼花瓶

廿二日、庚戌、

天晴、此日花〵（ヒン）からつ焼（肥後ヨリ上洛のミやけ也、）、寿徳庵（玄由）持参、

極上白鳥松茸くらげ

一、極上壱袋・白鳥・まつたけ五十本者　　（准如光昭）本願寺西門主より長門（八木）使者也、

一、くらけ桶弐つ・柿弐百計・南都大樽壱荷　　藤堂泉州（高虎）より使者　内蔵允『廿三歳計、』

一、橘打枝薫物入て、藤堂泉州へ、（余路次迄参候へ共、眼病故押而相留、右使者罷出ヲサへ申候也、」）

右余路次ヨリ帰候故、以兵部為使者遣了、

（110オ）

単給

一、給・単合壱重者　　兵部へ藤堂泉州被遣候、

右使者兵部、泉州へ参候故被遣候也、

此夜二条殿光儀、亥刻許還御也、（学文之儀内談也、）

廿三日、（辛亥、）

天晴、

（猶子児之事、）未刻許、毘沙門堂弟子児（花山前右府孫也、）来儀、今日余猶子為契約来義、松禅院法印」案内者也、

（110ウ）

（天海弟子公海を猶子とす）

（公海よりの進物）

同児より持参進物　　余方へ

一、太刀折紙・馬代銀子弐十枚

（太刀　馬代銀子）

一、諸白五荷・肴三種折『絵の也、』（こはう昆布）

（牛蒡　昆布）

一、御小袖三つ者（此内薄壱つはふたい白きふたつ）　　（豊臣完子）北政所殿へ同所より

（小袖）

一、銀子壱枚馬代也、　　千代鶴殿へ同所より

一、綿五把者　　左衛門督へ同所より

（綿）

一、同前者　　房へ　同所より

一、綿弐把者　　きいへ　同所より」

（111オ）

振舞あり
ほうぼう吸物

一、綿弐把者　　小少将へ　同所より

一、弐百疋者　　兵部大輔へ同所より

一、同前者　　淡路守（信濃小路宗増）へ　同所より

右今日児ミやけとも也、此日振舞申了、二献有之、『ハウハウスイ物振舞等也、』

此日在所藪屋敷之儀、くり申間敷由申切了云々、淡州申此由了、

一、壱部弐切者　　女御さまの中殿へ

（111ウ）

右此日御屋敷方之事、内談為御使者、仍表祝旨」赤き物御身弐つに、スル

くトの祝義申述遣了、

一、杉原弐十帖者　　坊（ブッシャウ）ヨリ

一、金子拾枚者（若狭遠光院殿へかし申金子之事、）　　若狭遠光院殿へ

右今日児供参候時、持参也、

右内儀より引替申由房物語也、

生鯛

（112オ）

一、生鯛弐つ者　　半井寿庵持参

今度大炊殿二村之儀、越前（調子武村）参、可管用」、其後京宿所可相渡旨也云々、

寿庵者不苦候由被申也云々、則宿被渡之儀、板倉周防守殿被申付也、

廿四日、壬子、雨降、自昨夜降也、

一、御八講願文壱巻、頭中将季俊朝臣方へ迄返上申候、慶長九年十二月四日ノ願文也、

慶長九年十二月の御八講願文

此日トツクリ壱つゝ、酒入て東福寺両学文所へ進候、」

(112ウ)

一、杉原三帖者中の也、千代依所望進候也、

杉原紙

一、銭三百文者今度之内也、円明寺庄屋善兵衛へ
先日表祝言、柿三十計持参、仍遣之、又祝言供仕候、旁以遣之、以主水遣之、

銭

柿

一、銀子合七拾壱匁者　白丁の布代小少将取次
右布弐十端三十五匁と三十六匁と十端つゝの代物也、

徳利

一、銀子拾五匁者　わん弐十膳の代之内へ
右先銀子弐枚分布の代の方へ小少将に渡候、余分如此十五匁を則以小少将千代御乳へわんのかたの内へ渡之、

昨日

一、絵薄四尺四方計折　七条姫君へ」
(成等院)

(113オ)

右昨日児よりの進候、今晩作州申付、文相渡候、

一、さやの白き古小袖壱つ者　一色女祢々上臈へ遣之、

廿五日、癸丑、

天陰、雨時々降、

此日藤十郎召寄、銭参貫文遣之畢、先日七条東門主より参候銭之内也、祝言之時かり布衣申付候故、勝五郎よりも多遣之了、但壱貫多之、勝五郎ハ弐貫也、」

一、江戸紙壱束者　忠象卿へ以藤十郎進候、

（113ウ）

江戸紙

一、此日女御様へ七条あね姫より為御使者右京大夫参候とて、申刻末時分立寄畢、

一、今朝毘沙門堂前大僧正、一昨日児猶子為謝礼来儀、松禅院案内者参候、余謁之、

天海謝礼に来る

一、今晩東福寺へ五左衛門遣、新宮森旧跡植松所望之儀、召長老迄内談、藤十郎同道申遣了、」

（114オ）

廿六日、甲寅、

此日未刻梨門主（最胤入道親王）へ参候、

梨本門主の許へ参る

一、まつたけ参十ほん

松茸

一、午房（牛蒡）拾は

牛蒡

諸白

一、諸白壱荷

右梨門主此日松禅院来間令引率、夜半時分帰宅了、

（114ウ）

此日梨門主へ酉刻許、青門主光儀、（尊純法親王）」秉燭被帰寺也、

廿七日、乙卯、

天晴、

此日近衛殿より進藤修理御使者、

台物
昆布
塩鯛
諸白

一、台物　一、昆布拾束　一、塩鯛卅・諸白三荷

右今度関白宣下被表祝旨也、

（115オ）

一、台物幷諸白弐荷　本願寺西門跡へ

右門主御煩敷故、為御見舞参持せ也、」門主御児（良如光円）等被謁、有配酌事、但入

夜七条参着也、

一、先是板倉周防守来儀、被申云、殿下御談合之儀相届旨、以御次禁中へも可申上

之由也、心得候趣令報答了、

二条城内の御殿進上の事

（115ウ）

此次防州被申云、二条御城之内御殿御進上被成候ハんと御座候ヲ、当年」来年

成共、此御所次第之由被申候、報答、防州指図次第と申候、又被申云、来年者
大普請にて御座候間、人足とも〻指合可申候間、年内可然由被申候間、兎角可
然様頼入旨申了、

廿八日、丙辰、雨降、

（索麵）
一、素麵壱箱　神竜院(梵舜)持参

（松茸）
一、まつたけ　吉田権少副(兼之)持参」

（昆布・鯛・小外居）
一、昆布一折三そく　一、鯛一折十　一、こほつかい壱

（京樽）
一、京樽壱荷　七条姫君より

（外居）
一、ほつかい壱　一、樽壱つ　一、鯛弐　大閤御所へ進候、

（菱喰）
一、ひしくひ壱羽者

右禁中より勅使樋口少将信孝、

（鮭）
此次被語云、大閤御所へもさけの魚を川ハタ(河鰭基秀)勅使にて被進也云々、

（西本願寺門主等来訪の日程）
一、本門主より御児来、一日二日之内其方次第ニ」御出候ハんとの事也、来二日と
令報答了、

（116オ）
（116ウ）

来月朔日宗源神道勤行

一、来朔日宗源神道勤行、吉田兼秀〔英〕令契約、今日以神竜院(梵舜)権少副(吉田兼之)等へ申合、心得申也云々、

此日入夜猶雨降了、

廿九日、丁巳、

一、雨降、自昨夜降也、

金焼付目貫
笄
小刀柄

一、銀五百目者　金焼付目貫・かうかい・小刀つかの代」
右以式部七郎左衛門へ渡之候也、

(117オ)

一、巳刻許、吉田権少副来申云、神道護摩明日被為勤行之、可然之由吉田申也云々、尤之由令報答了、

別火

一、此日自今朝余為別火、明日神道宗源なと相伝有志故也、

歌仙色紙

一、歌仙六番幷十三番等四枚色紙、自竹門(良恕入道親王)被染御筆給候、先日小大夫被頼色紙之内也、」尊書令報答了、

(117ウ)

一、米壱石者、去月比候哉、御方御所御乳為見舞御出候時、樽代折紙余遣候を、請取度由左衛門督所へ申来候通申候間、渡可申之由以因州申付了、

吉田社より壇到来す

(118)

一、此日午刻許、自吉田神道壇とも持せ候て、権少副幷祢宜少々来儀、振舞申付了、」

(〇一丁白紙)」

(119オ)

元和九年 癸亥

九月

朔日、戊午、朝間微雨、昼晴、申刻陰、

宗源護摩等を勤行す

此日吉田兼秀(英)幷神竜院(梵舜)・権少副(吉田兼之)・采女等、此外右近以下十人許、先朝間、宗源勤行幷振舞之後、護摩勤行也、権少副左座、采女右座也、右近護摩薪役義勤之、」

(119ウ)

金子

一、金子壱枚　吉田兼秀へ

羽二重小袖

一、はふたいの小袖壱つ者　神竜院へ

銭

一、銭弐百疋者　　権少副へ
一、同前　　采女へ
一、参百疋者　　右近以下惣中拾人計へ

右如件、

宗源神道次第等を相伝す

(120オ)

宗源神道次第、今朝勤行之後、又以次第一通兼秀引渡了、則相伝也、」又護摩次第勤行之時、神竜院以別次第悉子細申伝、是又相伝同前、又勧請次第神竜院幷兼秀等一通引渡之、是又神竜院読伝候、是又相伝也、然間相伝一礼幷又女御御方(徳川和子)御産平安為御祈禱施物旁以如件、

(120ウ)

一、勧請次第者、神竜院自筆也、」今朝則持参也、
一、鎮守備御供、今朝兼秀令勤仕之、先年十二年以前鎮守勧請已後、今朝備御供之儀、吉田兼秀是始也、

樽かます昆布扇

一、樽壱荷　　一、かます　　一、昆布　　平井越後へより
一、扇弐本者　　同息茂助より
右今日持参也、表祝旨也云々、

准如良如来臨す
金子馬代
小袖羽二重
馬代銀子
杉原紙
緞子
銭

二日、己未、天晴、」
(121オ)
此日午刻末時分、西本門主(准如光昭)御児(良如光円)来臨、
一、金子壱枚馬代
一、小袖三之内薄壱・はふたいふたつ者
一、同前
一、小袖弐つ・馬代銀子壱枚者
一、杉原五十帖者
一、同十帖・鈍子壱巻者
一、同前者
一、馬代銀子壱枚者
(121ウ)
一、銀子壱枚つゝ五枚
一、銭五十貫者
右之内弐十貫つゝ者
又同前

余方へ
政所殿(豊臣完子)へ
祢々姫へ
禅閤御所さま(九条兼孝)へ
同大政所殿(高倉煕子)へ
左衛門督へ
御つほねへ」
一色
キセへ
諸大夫五人へ同前
侍・下男迄へ
表侍中へ
内儀女房(豊臣完子)・侍中へ

又拾貫　　　　　　　下男惣中へ
此内弐十五貫者　　　内儀房へ渡候、
一、銀子壱枚つゝ者　道有・喜左衛門へ」
一、綿四方の五把者　きいへ被遣、（122オ）
右今日御児に持せ也、
振舞侍分五六七十人程、下分百五六十人也云々、
申刻門主光儀、入夜亥刻過各還御也、
ちや〱くせ舞二三番、小謡種々有之、一〻、銀子参枚者（御児馬代）　御方御所へ（九条道房）千代へ（松殿道昭）玉松所へ（栄厳カ）」
禅閤・大政所殿等渡御、於盧（廬）中御児舞御見物也、
三日、庚申、天晴、（122ウ）
一、鈍子弐巻者　今夜一位殿（阿茶局）持参、
一、庭前あまさくろ壱箱　一、沙唐二桶者
右細川越中殿（忠興）より使者也、去十日無事下国也云々、兵部大輔（朝山吉信）迄有書札、余令報答、愚簡也、」

綿
曲舞小謡あり
緞子
甘石榴
砂糖
細川忠興の下国を伝えらる

（123オ）
杉原紙　唐縞
一、杉原十帖、唐島壱端者　越中使者へ
右兵部取次、
右之内唐島者、内儀へ申かり候て遣候、
此夜一位殿有配酌事、亥刻許迄於内儀今夜有振舞者也、
瞽女初参
一、ごせ壱人初参　きい取次参候、
舞々
今夜座敷にてまい〳〵申候也、
（123ウ）
白鳥　昆布　諸白
一、白鳥壱羽・昆布・諸白壱荷　吉田かうづる」
右千代謁之、
四日、辛酉、天晴、
一、此日巳刻許、七条東門主（宣如光従）へ為使者作州（山本慶泰）遣候、其後明後日御母義（妙玄院、教如光寿室）御出候様ニとの
事、幷御供侍衆悉被召続候様ニ可申由申含遣了、
（124オ）
一、高橋来、幷道弐来、一安・久安等今度膳方奉行也、」
五日、壬戌、天晴、
来七日毘沙門堂より招かる
此日坂下自毘沙門堂（天海）使僧書状、来七日渡御相待申由也、報答、心得候趣淡州返事認

遣了、

一、来九日神事能参候やうにと三門主(義演)より書状有之、報答、隙入候間参間敷趣、以愚札申了、

三宝院門主より神事能に招かるるも辞す

一、生鯉壱つ・さゝへ一折　大閤(鷹司信房)御所より」(124ウ)

生鯉提重

一、三方皆銀薄たゝミて盃金銀ふたつ肴して、又杉原敷たるやうにいたにてして中御霊別当持参也、

一、五尺の台物壱つ

御内儀へ　ちやうめん方の御長より

鬢曽木の覚

御ひんそきのやうのおほえ

一、はしめより御くしすへらかして、御かもし御いれ候て、よくほん〳〵に御ゆい候て、御ひんハゆいすへらしてはなし、ひんにあそハし候て」(125オ)みきの御ひんさき御つゝみ候て、ひたりの御ひんさきもおなしく御つゝミ候て、よきほとに御ひんあそはし候て、そのきわをよく水ひきにて御ゆい候て、さてゆいめのきわから、みきの御ひんから、かうはさみにてそきまいられ候、その御ひんを御ぬし御所にミせまいられ候ハぬやうに、御さた候物にて候、みきひたりの御ひん

それ〳〵に」まきれ候ハぬやうにして、のちにかきつけしてをきまいられ候物にて候、

一、御ひんそき候てのち、碁ばんより御前のかたへそろ〳〵と三度おり、又御あかり候事を申まいらせ候、

一、さて御おり候てから御さしきに御なり候て、御盃まいり候て献にて御いわゐともめてたくまいられ候事にて候、此ことく御ひんさき御包まいらせ候、かしく、」

(126オ)

朝山吉信姉こほ九条亭に泊す

一、此夜兵部大輔あねこほとまり申理、政所殿より権中納言殿のかたまて、文にて御申候へハ、心得被申候也云々、

今日こほ九月の御暇一日のはつにて、兵部へや迄まいり候也云々、仍御理也、

六日、癸亥、天晴、　今日初礼東門主の(宣如光従)一、銀子壱枚　九左衛門馬代

宣如婚儀の後初めて来臨す

此日東門跡むこ入也、一位殿来儀、

門主の御母義少時後来儀也、」

(126ウ)

宣如よりの贈物目録

一、銀子百枚幷小袖五重者　余方へ　門主より

一、金五枚幷参重薄染物ひちりめん又白はふたい三つ　若政所殿へ（豊臣完子）　（頭注：金）
一、ちりめん拾巻者赤白五つゝ　若政所殿へ　姫君より（成等院）　（頭注：縮緬）
一、同前拾巻者白黒也、　余方へ　姫公より
一、鈍子拾巻者　余方へ　御母儀ミやうげん院殿より（妙玄）　（頭注：緞子）
一、越前綿五十把者　若政所殿へ　御母儀より　（頭注：越前綿）
一、銀子五枚幷小袖壱重者　御方御所へ　東門主より
一、小袖壱重之内しゆちんヒトツ　千代殿へ　東門主より」　（頭注：繻珍）
一、小袖壱重者　玉松殿へ　東門主より
一、小袖壱重者薄白也、　祢々姫殿へ　東門主より

（127オ）

家中へ東門跡より目録写

一、小袖壱重・銀子弐枚者　左衛門督殿へ
一、同前者　御つほねへ
一、杉原十帖・ひちりめん弐巻者　大上臈へ　（頭注：杉原紙　緋縮緬）
一、杉原十帖・ひちりめん壱巻者　小上臈

肘綿　白縮緬　銭

一、ひち綿五十把者　御ちの人五人但十把つゝ、」
一、ひちりめん・白ちりめん合弐巻・杉原十帖也、（127ウ）　小少将殿へ
一、銀子十八枚者　御中﨟衆十八人へ
一、杉原壱束、ひちりめん壱巻者　おきいへ
一、同前者　いぬい殿へ
一、銭四貫者但弐貫つゝ　御すへ二人
一、同四貫者但弐貫つゝ　御なかい二人

又

一、寿伯へ　御馬代銀子壱枚」
一、ひし綿拾把者　喜左衛門へ
一、同前　道有へ
一、銀子壱枚つゝ、合参枚者　御侍衆三人へ
一、銭拾貫文者（128オ）　御はした八人へ御下男

又

御おもて侍衆分

一、小袖拾者但ふたつつゝ　　諸大夫五人へ

一、銀子弐十参枚　　御侍衆廿三人但壱枚つゝ」

一、銀子弐枚但壱枚つゝ　　台所人両人へ

一、銭弐貫文者　　御すへ壱人

一、同四貫文者但二貫つゝ　　御中間両人へ

一、同弐貫文者　　おこ壱人

（128ウ）

一、同弐十貫文者　　御下男廿五人中へ

おもて分
銀子合弐十五枚

同
銭分合廿八貫文也、

又御家礼衆」

（129オ）

一、小袖壱重・馬代銀子壱枚者　　堀川殿へ（康胤）

一、同前者　　樋口殿へ（信孝）

東本願寺門主瑞竜寺殿に礼物を進す

此日瑞竜寺（日秀）渡御候て、御対面、仍御小袖参つ、当座一礼被進候、何様門主瑞

竜寺殿へ被成候ハんとの事也、

右元和九年九月六日目録写也、

七日、甲子、朝間晴、昼陰、晩又晴、入夜雨降時雨也、

此日早旦坂下へ出門、南光坊(天海)宿坊也、今日猶子ノ」新門主(公海)也(トクド)、梨門主(最胤入道親王)也(カイシ)、

（129ウ）

猶子公海南光坊宿坊にて得度を遂ぐ　公海等への進物　小袖　銭

一、小袖拾者　猶子ノ新門主へ

一、同四つ者　南光坊へ

一、同ふたつ者　仙乗坊松禅院(慶俊)へ

一、銭弐貫者　仙乗坊へ

一、同百疋者　中将(キヤウノ)へ

一、同前　キミへ(アキマ丶)

一、同前　」(アキマ丶)

一、同前　(アキマ丶)

（130オ）

右松禅院所にて宿坊、以淡州遣之、今朝東門主松禅院所へ来儀、

昨日令契約故也、

梨門・妙門（堯然入道親王）・青門（尊純法親王）・勧門（寛海）・新門・余・前右府（花山院定煕）花山以上上段間、同宰相（花山院定好）次男・徳大寺中将（公信）・松木・

板倉周防守（重宗）来儀、次間参着也、

此夜松禅院所に令一宿了、八日辰刻許、」此寺出門、巳刻令帰宅了、

松禅院に宿す

（130ウ）

八日、乙丑、天晴、

巳刻帰宅、従坂下也、

康道縁談の事

此夜三条西大納言実条卿幷清閑寺中納言共房卿来儀、二条殿（康道）御縁辺可申届之由仰也

江戸に申すべきの旨勅答す

云々、勅答申云、江戸申理以其上返事可申候、使者ニテハ巨細難申述候間、来春罷

越可得其意可申由、」

（131オ）

元和九年九月十八日、御しゅうと入候時、

予方より

金

一、金拾枚者

此外別有之、銀子百枚者、御門跡へ内義より

右外五種五荷但内義より歟、

銀

銀三枚つゝ者

下間式部卿幷粟津大進（元辰）

同二枚つゝ

年寄分七人へ

銭

銭百貫文者

惣中男分下々迄

杉原紙

一、杉十帖ニおもて　　　御さいの者也、

一、同前　　　御つさの者也、

綿

一、わた五わ　　　御たけ

一、同五十把者　　　御中臈衆・小性衆・御すゑ・御なかい・御はしたまて」

幸家公記 元和十年正月

○九条幸家本年三十九歳、前関白従一位

「甲子歳正月（原表紙外題、九条幸家筆）

表紙書付

正月廿一日に東福寺衆へ年頭一礼、長老（雄峰永俊）巳下遣候覚記之、又後年為覚如此表紙書付之了、但此年始ての事也、」

〔正月〕

（1オ）

元和拾次歳甲子

元日、丙辰、天晴、

四方拝家説あり

卯刻、四方拝、庭上当階間、自東至北、家説也、

小朝拝
練歩

此日小朝拝、殿下近衛関白殿也、(信尋)右府一条殿、(昭良)・内府二条殿、(康道)此三人被練由也、殿下鼻高、右府　練(ヲトシ)、内府荻虫被練之者也云々、先女院(中和門院、近衛前子)拝礼、」申刻許被表珍重、配酌事、如形及数刻了云々、仍小朝拝亥刻過夜半時分満了、大納言忠象卿(九条道房)幷千代(松殿道昭)等見物也、祢々姫モ同道被申候也、子刻許帰宅也、(1ウ)

元日節会

節会内弁右府也、外弁上首伝(転)法輪大納言公広卿(三条)也、陣義已後御与奪也、雖然節会相伝無之、仍退出、第二ノ次大納言中御門資胤卿内弁被勤仕之者也、面目也云々、」

此日礼者、出入者少々表祝旨来儀候也、嘉例進物又遣物等少々有之人々也、(2オ)

豊臣完子より徳川和子へ年始の礼

二日、丁巳、天晴、
此日若政所殿(豊臣完子、九条幸家室)、女御御方(徳川和子)へ年頭に被参畢、進物幷御家中衆音信有別紙、
女御様へ
右之次以左衛門督進物

杉原紙

一、杉原五十帖但一束ニ付拾四匁つゝの也、因州取次也、(信濃小路為重)

銭

一、銭参百疋者　権中納言とのへ」
一、銭弐貫者　摂津守(弓気多昌吉)へ
右之外銀子壱枚者去年壱枚権中納言殿ニ返報也、以左衛門督同音信也、(2ウ)

薄帯

一、杉原拾帖幷薄帯弐筋者　岡(久我道堅女)とのへ
　右之外銀子壱枚者、去年千種(有能)進物、杉原・白さや壱枚・樽なとの返報、同以左衛門督遣之、
一、杉原拾帖幷薄帯弐筋者(ふた)　兵部卿殿へ
一、同又同　中殿へ
一、二色同前　おふミ殿へ
一、同前　すけた殿へ」
一、同前　のた殿へ
　失念両人
　又御物かきはま殿失念、幷又大橋兵右衛門(親勝)等音信失借(錯カ)也、重而可遣之、

(3オ)

此夜二条殿来儀、樽如例、家中音信等同前也、配酌事有之、還御也、

謡初

先是謡初、於書院御方(九条道房)御所・千代等余表祝旨、各盃家中少々有之、」

(3ウ)

五宮殿(貞子内親王、二条康道室)より　伝御使者也、

昆布 えそするめ 小桶 吉田兼英より 御神供到来す

一、昆布五束　一、鱠拾本　一、鰑拾連　一、小桶三荷代
　又吉田(兼英)殿より
御神供進物也、

杉原紙
蘇香円
竜脳丸

一、杉原拾帖幷蘇香円二具　　半井寿庵
一、杉原十帖・竜脳丸五十粒　　同三位
右両人同人持参也、可謁之由申出候へ共、其儘罷帰了、壱岐守(矢野秀政)奏者也、」

高台院より礼物あり

(4オ)
二日、丁巳、(コノ行マヽ)天晴、
高台院殿(豊臣秀吉後室)より

昆布
鱈
かます
京樽
美濃紙
革足袋

一、昆布一折五そく　一、たら一折廿本
一、かます一折廿れん　御樽京弐荷、
右使者へ、美濃紙三束・皮たひ一そく也、
此日昌琢(里村)・昌𤣥(里村)来、余謁之了、

発句

此次発句、淡州(信濃小路宗増)書付了、

霊夢あり

此夜二条殿来儀也、三荷三種家中へ、」如例紙帯、下男中へ銭百疋也、
(4ウ)
此夜霊夢有之、但三日暁也、子細別記之、

鷹司亭へ参り樽等を献ず

三日、戊午、
此日酉刻、大閤(鷹司信房)御所へ参候也、御樽三荷三種つゝ政所殿(鷹司信房室、佐々成政女)へも目録にて、令披露畢、

後日に政所殿へ持せ進候也、左内使者進候、御家中へ、馬助殿（政所殿御孫也）、美濃紙壱束・扇三本、」大膳（諸大夫也）、美濃紙壱束・扇三本、此外紙壱束つゝ、伯州・豊州・春三郎・左大郎・角蔵・吉三郎・大蔵・九蔵・清右衛門等也云々、

美濃紙

扇

(5オ)

一、二条殿へ三荷三種、御家中へ美濃紙如例、清閑寺中納言共房卿へ杉原十帖、皮たひ壱足、権佐とのへ美濃紙五束、新三位へ五束、大和とのへ三束、こなへ薄帯壱筋、此外別日記有之、」

二条康道等への進物

女五宮さまへ杉原弐十帖、柳三荷三種也、ま御乳の人へ美濃紙五束、并庄兵衛へ美濃紙弐束許也、

貞子内親王への進物 柳樽

(5ウ)

今夜二献已後、有御振舞者也、

四日、己未、　一、杉原五束者、御児御所（良如光円）より若政所殿へ

此日、西御門主（准如光昭）并御児御所等来儀也、

准如良如来儀

一、太刀折紙（馬代三貫）　御門主より　余かたへ

贈物あり

一、同前　同　大納言殿（九条道房）へ」

(6オ)

一、同前　同　千代鶴殿（松殿道昭）へ

一、同前　　同　　玉松殿（栄厳カ）へ

一、太刀折紙・同青銅　　御児御所より　　余かたへ

一、三荷三種者　　若政所殿へ

一、同弐荷三種者　　祢々姫君へ

一、太刀折紙　　御門主より　　禅閤様（九条兼孝）へ

一、（アキママ）　　同　　大政所さま（高倉熙子、九条兼孝室）へ

今日於内儀余振舞申候也、二献已後也、」

御供大進（下間仲友）・内膳（横田可言）・長門（八木）等也、中酒のうち暫後、此三人呼出謡乱酒也、

一、三荷三種　　御門主へ若政所殿ヨリ

又杉原二束・ちりめん者也ミ　　御児へ返報

又二荷三種者　　祢々姫より

（6ウ）

五日、庚申、

此日西御門主へ参候、酉刻許参着也、

一、太刀折紙幷大樽壱荷・白鳥弐・昆布拾束

右御門主へ、旧冬歳暮小袖壱重給候、旁返報也、

一、太刀折紙、馬代同前者　　大納言殿より

准如の許へ赴く

太刀折紙
大樽
白鳥
昆布

馬代

一、同　　千代鶴殿より」

（7オ）
一、同　　玉松殿より

杉原紙
一、同并杉原参束者　　禅さまより（九条兼孝）

一、杉原弐十帖者　　大政所殿より

一、太刀折紙者　　御児御所へ余より

一、杉原弐十帖者　　北の御かたへ（寿光院、准如光昭室）　初而進物也、

右上分也、

板物
一、杉原拾帖・板物壱端者　　御ちの人へ（御児）

右旧冬歳暮に祢々御乳へ、如此一束一端」被遣候故、返報旁也、

（7ウ）
木綿足袋
一、杉原十帖・もんめんたひ弐束者　　大進へ

右大進ヨリ（アキマ、）

袴肩衣
一、杉原十帖・袴・肩衣者　　内膳へ

一、同前二色　　長門へ

一、（アキマ、）　　甚介へ（富島宗綱）

柿

右内膳ヨリ（アキマヽ） 長門ヨリ（アキマヽ）

甚介ヨリ かき弐わ進上也、」

(8オ)

一、礼者別記之、

六日、辛酉、

鮭

一、さけ壱尺者 富田忠左衛門（久次）

越前綿

一、越前綿弐把者 右忠左へ遣之、

右於書院謁之、次当春江戸へ罷下候者、宿之儀内々入魂之儀有之、

此日女御さまより 権中納言殿御使者

小袖 徳川和子よりの賜物

一、小袖壱重幷三荷三種等御音信也、」

(8ウ)

一、小袖参つ者 若政所殿へ
（アキマヽ）

一、 大納言殿へ

一、 千代鶴殿へ

一、 玉松殿へ

又

杉原紙　緞子　綿薄帯　大樽　斗樽　燗鍋　壺　茶碗

一、杉原参十帖・鈍子弐巻者　　禅さまへ
一、綿弐十把・薄帯壱筋者　　若政所殿へ
一、大樽壱荷幷(アキマヽ)　　権中納言殿より」
(9オ)
一、斗樽壱荷者　　兵部卿とのより
一、かんなへ幷つほ・ちやわん拾者　　中殿より
此外若政所殿幷こたちへ右三人衆より、色々別記之了、
此日藪中納言殿来儀、余謁了、又同道、
一、西洞院宰相(時慶)　一、竹内形(刑)部(孝治)　一、(アキマヽ)
右三人同道也、謁之、」
(9ウ)
此日中御門大納言(資胤)被参候へ共、内客ゆへ忠象卿被謁之、
七日、壬戌、

宣如等来儀

此日七条東御門跡(宣如光従)幷妙玄院殿(教如光寿室、宣如光従母)・姫君(成等院、宣如光従室)なと来儀、年頭礼也、御門跡より
太刀折紙・馬代銀子壱枚
同馬代・銭三百疋　　禅閤御所さまへ

大政所殿へ」

妙玄院殿より

(10オ)

(〇二行分余白)

姫君より

姫君より

(〇三行分余白)」

(〇半丁白紙)」

(11オ)(10ウ)

八日、癸亥、

(〇以下余白)」

(〇半丁白紙)」

(12オ)(11ウ)

九日、甲子、

年礼のため参内す

此日参内也、先余幷忠象卿一礼了、次三宝院(義演)御門主、随心院(増孝)御門跡、三宝院(覚定)新門主、勧修寺(寛海)門跡、此御礼之後、西園(西園寺実益)・花山(花山院定煕)両前右府、此外出家・諸山・諸寺年頭也云々、

次いで宝樹院殿に参る

一、宝樹院殿（近衛前久室）へ参内の次に参候へハ、梨門主（最胤入道親王）・青門主（尊純法親王）、先是渡御候て、御振舞半に参会申候也、此時又実相院門跡（義尊）被参候也、」

(12ウ)

大樽
白鳥
昆布
八条殿に参る

一、大樽壱荷・白鳥壱つ・昆布五束　　宝樹院殿へ

一、八条殿（智仁親王）へ参候、有配酌事、

光照院へ参る
牛蒡

一、カウセウ（尊貞カ）院殿へ参、持せに中の大樽壱荷・昆布五束・こんはう拾は歟、則被謁候、

筋気

御筋気とておもゝちかぶりあそハし候也、三年以来如此由御物語候也、

宝鏡院へ参る
杉原紙
南都斗樽

一、ハウケウ（理光カ）院殿へ参候、是又忠象卿同道申候也、杉原弐十帖幷南都斗樽壱荷持せ申候也、」

(13オ)

十日、乙丑、（○以下余白）」

(13ウ)

十一日、丙寅、（○以下余白）」

(14オ)

十二日、丁卯、（○以下余白）」

(14ウ)（〇半丁白紙）」

(15)（〇一丁白紙）」

(16オ)（〇以下余白）」

十三日、戊辰、

(16ウ)（〇半丁白紙）」

(17オ)十四日、己巳、

中和門院に初めて謁す
旧冬康道と貞子内親王祝言

女院御所様江(中和門院、近衛前子)はしめて懸御目候、旧冬二条殿へ女ミ五宮為御祝言、仍如此者歟、三宝院御門主是亦御対面始也云々、三門主ニハ去八日ヨリ於禁中御修法、今日結願也、仍旁以一度為御対面者也、

杉原紙
緞子

一、杉原十帖・鈍子壱巻進上也、」

(17ウ)此義令失念候ヲ、此次年(寛永二年)乙丑暮春十九日、女院御所様へ参候へとの一位(阿茶局)御つほねょり申来候間、折節妙月此御所に令居合覚候とて、右御音物、今日又如此者也、政所殿より今日杉原十帖・ひちりめん壱巻也、昨日二条殿ほたん見持せ振舞、此時一位被参候て、女院御所さまへの義被申出、御伺候ての事也、」

緋縮緬

（18オ）
十五日、庚午、辰〻

（○以下余白）」

（○半丁白紙）」

（19オ）（18ウ）
十六日、辛未、巳〻

（○以下余白）」

（○半丁白紙）」

（20オ）（19ウ）
十七日、壬申、午〻

（○以下余白）」

（○半丁白紙）」

（21オ）（20ウ）
十八日、癸酉、未〻

（○以下余白）」

（○半丁白紙）」

（22オ）（21ウ）
十九日、甲戌、申〻、天晴、

此日役神参として、八幡幷石清水等へ参詣申候也、

役神参

銀子　一、銀子壱枚者　役神宝前へ

青銅　一、青銅百疋者　八幡宮本社へ

一、弐十疋者　石清水へ

一、青銅百疋計者　八幡神前祢宜作輪

数十人のものともへ七百文計歟、」

一、御礼とも調申候、

塗木履　一、ぬりほくり参十束幷又ちいさき五そく、内儀方女房中幷二御所の御乳・新三位

等へ札も遣之候也、

帰路水無瀬宮に立ち寄る　此帰さに水無瀬へ立寄申候事、

（22ウ）

一、青銅百疋者　後鳥羽院宝前へ

松泉坊と申堂出家罷出遣之候、

小判　一、小判弐切者　水無瀬中将（兼俊）とのへ」

今日中将下々迄振舞被申候者也、

（23オ）

入夜帰宅了、自八幡水無瀬への渡舟之時大風吹了、

宣如より千代鶴の四条河原歌舞伎見物を勧めらる

廿日、乙酉乙未亥、天晴、

此日午刻、春重来儀幷梨御門主の宰相扇五本歟持参、皆盃有之、此後春重をは東九条亭へめしつれ、騎馬也、兵部大輔(朝山吉信)此外小性(姓)とも供也、出門刻東御門主(宣如光従)より権兵衛来儀、(23ウ)」於四条川原かぶき御内儀方御覧し候、千世さま御見物被成候様にとの事也、今日東福寺へ参られ候へとも、先見物候て、自四条置(直)へ東福寺竜眠庵へ被参候也云々、然間余東九条亭へ参着之後、御門主御徒然候者、来儀待入候由以愚札令申候へハ、久左衛門(田中吉之カ)所ニ茶湯候て御座候間、則頓而可有御出(24オ)」報答也、其儘来儀也、酉刻計に観智院(亮盛)へむかい遣候て、入夜以前被参候、先是御門主へ春重始而御礼申させ候、春重発句云、

連歌

所から九重にたつ霞かな

幾代の春をしたひ住宿　　匀(九条幸家)

鶯ハ籬の梅に馴々て　　言

此外十句計有之、子刻過(24ウ)」有振舞、配酌以後御門主・観智院亮盛等帰寺、暫して鶏鳴也、春重ハ此亭にとまり申候也、余勿論逗留申候也、

東福寺参詣
円明寺村の百姓に東九条亭の普請を命ず

(25オ)

廿一日、丙戌丙子、

此日自在所東福寺へ申刻許参詣也、去十五日ヨリ円明寺百性廿人許堀ほらせ候、十五日ヨリ十八日」比迄ハ、東九条亭南中央堤東西二間計程キレタル所土置申候也、十九日廿日比ヨリ屋敷東のどい乃巽方の藪切とをし東へ堀ほらせ候、廿日ヨリ此在所の侍人足等普請申付候、円明寺同前也、

一、銀子壱枚者　南昌院(業除玄召)長老へ

(25ウ)

右今日於当寺有振舞、此次長老」弟子来、初午に首座成候由言談也、

一、又壱枚者　首座成表祝旨

南昌院へ自遣之、

康道東福寺南昌院に逗留

此日昼時分二条殿南昌院へ入学渡御也、今夜御逗留也、

一、部分弐切者　沅西堂へ

一、部分壱切者　蔵(ウン)主へ」

(26オ)

一、部分壱切者　忠蔵主へ

入夜常楽霊塔へ

一、銭百疋者　　　峯殿宝前へ（九条道家）
一、同前　　　　　聖一国師へ（円爾）
一、壱部分壱つ者　　松月軒興西堂へ

右塔主也、

此次に竜眠庵へ参候、

一、銀子弐枚之内壱枚者、柔長老へ、（剛外令柔）又壱枚者、家中へとて遣之、」（26ウ）

一、壱部分壱つ者　　柔長老弟子へ

右堂参と柔長老とにて有配酌事、亥一点刻許帰宅也、

去年も今日霊塔へ参詣、為嘉例参詣也、

今日始而自在所シユクト在所ヲ罷通候也、道二町計のマワリ也云々、於南昌院

依有振舞如此、先」（27オ）南昌院へ参候也、二条殿渡、旁以如件、

廿二日、丁丑、丁亥酉ミ雪降、昨日も雪降候也、

今日円明寺百性半分計罷帰也、十八つゝ明夕参相詰可普請由申付了、

明昼板倉防州（重宗）所へ各可有御同道之由、自殿下御相談也、尤之由申、醍醐・小野等申

進了、」

（27ウ）廿三日、戊寅、

（〇以下余白）」

（28オ）廿四日、己卯、

板倉重宗の許へ年頭挨拶に赴く

此日午刻許、板倉侍従（重宗）所へ為年頭参候也、同道、近衛関白殿・一条殿右府・八条殿・大閤御所信房公・二条殿内府・鷹司右大将（教平）殿等也、但跡門衆ハ三宝院師弟子（義演・覚定）御門主、又随御門主・勧修寺門跡、又諸家者、正親町三条中納言（実有）・同侍従（公高）・中御門中納言（宣衡）・阿野中納言（実顕）・同侍従（公業）・清閑寺中納言共房卿」・白川二位（雅朝王）・伯侍従（白川雅陳王）・裏辻（季福）・堀川中将（康胤）、

（28ウ）此外十八余有之、徳勝院（禅昌）・寿昌院（野間玄琢）等居申候也、

帰路板倉勝重の許へ参る

此帰に伊州（板倉勝重）所へ参、配酌以後殿下・右府・八条殿・竹門（良恕入道親王）など伊州常住間にてあい申候也、

増孝東九条亭へ渡御す

（29オ）申刻許、随門主東九条亭へ渡御也、此明日東寺観智院へ渡御也云々、後聞、」観智院者小野へ御礼被参、留守にて、又東九条亭へ還御、及晩被為帰寺也云々、廿四日一夜御逗留也云々、

廿五日、庚辰、

此日随御門主在所ヨリ東寺へ渡御、雖然観智院留守故、頓而又在所へ還御、及晩夕陽時分御帰寺也云々、

此日在所畠之事、屋敷望申所に」少有之、替地之事、理申遣了、留守之由申了、今（29ウ）日板倉侍従所へ被参也云々、

廿六日、辛巳、

此日午刻過に、東九条亭へ参候、申刻迄逗留、酉刻過に竜眠庵千代学文所へ見舞、

（千代鶴学文所にて連句あり）

依雨降今夜令逗留畢、十句計連句有之、」柔長老[独]吟也、（30オ）

停駕雨宜聴　合瞭

擁衾寒却来　匀

林間鶯百囀　植『千代字也、』

枝外蝶三台　竜眠　此外略之、

今夜及鶏鳴長老退下、

廿七日、壬午、

連日同所にて連句あり

於千代学文所、巳刻連句有之、」（30ウ）
雨後待花少　植　寒余凝毬猶　眠竜
山従雲外涌　瞭合　年与暦端流　裔雲
無故水無跡　宗顕　朝参石点頭　峰玉
此外句略之、今日三十句有之、
植ハ千代、竜眠『柔長老也、』合瞭『長老弟子也、』雲裔エイ『興西堂』顕宗ハ恕（見恕）西堂也、玉峰ハ璘（光璘）西堂也、
於学文所、各振舞申候也、入夜帰京也、

康道より略韻を返さる

廿八日、癸未、
此日略匀〔韻〕一帖全部二条殿ヨリ来候、」（31オ）去年かし申候の也、
又此夜大政所殿為御見舞、若政所殿令同道参候也、
廿九日、甲申、天晴、

中樽斗樽箪笥
忠象より対類等を返さる

此日東九条亭へ中樽壱、又斗樽壱荷以庄五郎遣了、此次たんす取寄申候也、申刻許
菊亭内儀御乳来儀、酉刻迄房部屋にて有振舞、入夜政所殿御前」（31ウ）罷出申候也、
今夕自忠象卿対類二冊并異名一冊・黄表紙被帰〔返〕之、取遣候故也、

一、今夜大工讃岐来、たんす弐つわく迄あつらへ申候、又わく計壱荷分同前、四五日中に出来可申旨也、

鷹司孝子より鷹司家へ音信到来

一、今日大閤御所へ左衛門督参候へハ、江戸姫君（鷹司孝子、徳川家光室）より御音信とも来候、銀子弐枚つゝふたりへ給候、」又壱部（分）壱つゝ同御乳より進上、ふたりへ也、又壱部弐つゝ左衛門督幷房へ被遣之也云々、今夜罷帰左衛門督迄申候也、

（32オ）

（○以下余白）」

（32ウ）

（○半丁白紙）」

（○六丁白紙）

幸家公記 寛永元年六月

「(原表紙外題、九条幸家筆)
寛永元年初夏(季キ)」

(〇一丁白紙)

〇九条幸家本年三十九歳、前関白従一位

(1オ)

寛永元年

六月小

一日、甲申、陰晴不定、未刻雨降、入夜猶降、

伊勢祭主来る

(大中臣種忠)伊勢祭主来、今日表祝旨者也、

香薷散

香薷散三十服　(土屋虎隆カ)好庵持参、

同五十服　玄哲(有馬)持参、」

(1ウ)
今朝山本隼人(重泰)来、申置罷帰了、
二条殿
泉州来、
辻長右衛門来、
唐橋(在村)来儀、
午刻許玉松(栄厳カ)殿東七条(宣如光従)御門主へ右京大夫為謝礼来、此次被参候也、」

(2オ)
香薷散五十服　玄斎持参歟、
未刻稲掃部来、
先是堀(堀河)中将康胤朝臣来儀、
調子越前(武村)来、
二日、乙酉、天晴、朝間微雨、

切麦
今朝馬せめ申候也、乍二疋乗之、忠象卿(九条道房)青毛ニ被乗之、」

(2ウ)
馬責
今朝樋口少将(信孝)昨日為謝礼来儀、振舞申候也、
午刻許庄(野々口立圃)右衛門来キリムキ、各余振舞申候、

楊梅二重　　三宝院（義演）御門主より筑後書状也、淡州迄の也、（信濃小路宗増）

右余令報答、染悪筆者也、
右之内一重ハ内儀へ進之、但二重も一重は内儀への御心持歟、

今朝暁より若政所殿（豊臣完子、九条幸家室）腹中気也、」（3オ）

一、銀子拾枚者　　五月廿八日比取出申候、別有日記、

一、同五百目者　　六月二日五左衛門へ渡、東九条普請の用之内也、

一、右之内銀子八十八匁弐分者折　　此内壱つ者在所へ東御門主（宣如光従）振舞之時、又壱つ者大谷へ持せの也、禅さま（九条兼孝）御用、是者禅さまやねの修理さわり代、去三四月比歟、

右銀子十枚之内も今日又銀子合百五十目五分者、同在所普請之用に五左衛門へ相渡候也、都合六百五十枚十め五分歟、

又参十五匁者

又七匁者、　　ゑほし弐つの代、余着用也、」（3ウ）

又百四十七匁八分者

右南都へ諸白取に弐斗樽四荷取に遣候、此代之内、但弐十め許余候て、式部手前ニテ別の用ニ遣申候也、別有日記者也、
式部手前有之具也、南都樽義計の事也、

三日、丙戌、天晴、

今朝二疋ならから馬の上血取之、

鳥帽子代

諸白二斗樽

南都樽

馬の血取り

一、帷子壱つ者　門番次右衛門取次 伯楽へ遣之、先日両度ニ疋 別馬血取申候、今日三度礼也、」

若政所殿腹中之儀、
去二日夜若政所殿腹中気也、至今日度々也云々、

所労之事、
大納言忠象卿所労トシテ自東福寺去月廿八日帰宅也、但自廿七日不例也、熱気有之、

去二日二(玄由)
仍一昨日寿徳庵召寄脈ミセ、又今日より薬進上、先三服洗薬也、四日迄に一服

（4オ）

つゝ也、」

四日、丁亥、陰晴不定、戌刻初夜鐘鳴後雨降、終夜五日朝迄雨天也、

（4ウ）

一、銀子五枚者　東御門主御留守見舞之事江戸御下向去月十一日、廿三日御参着、廿六日御礼両御所、先若御所也、(徳川秀忠・家光)(徳川家光)
今日御留守衆振舞肴物代号して
姫君へ、左衛門督ヲ以テ右京大夫へ渡申候也、(成等院、宣如光従室)

一、米壱石者（白）
但昨日姫方へ持せ進申也、（今朝）

一、みそ
今朝是又進申候也、」

右、若政所殿同道也、但余許路路(衍)ヨリ在所へ普請見舞参候也、暫して未刻

（5オ）

許権右衛門向として来間、其儘参候也、

此日、入夜かふき六人妙玄院殿(教如光寿室、宣如光従母)召寄られ見物申候也、酉刻ヨリ至戌刻許者也、

小判壱両者　右六人中へ遣之、」

帷子を伯楽に遣わす
完子腹病
忠象所労
宣如江戸下向中につき留守見舞の金品を進ず
銀子
白米
味噌
歌舞伎
小判

（5ウ）
右政所殿よりとして、妙玄院殿へ以右京大夫披露也云々、但政所殿還御已後、
懸御目候へと房申候へ共、其儘披露之申候也云々、
（6オ）
申刻許二位殿幷左近・主水等於御内儀余有配酌之事、」
同刻観智院（亮盛）来儀、於御内儀妙玄院殿・余已下令謁之、少時言談退下、酉刻頭許歟、
妙香円
明日土用入
一、妙香円富（小）少路後室より、明日入土用申故也、毎年為嘉例者也、
五日、戊子、雨降、入昨夜ヨリ也、」
（6ウ）
一、妙香円廿七粒者　左衛門督へ遣之、
馬の血取り三日目
一、馬血取テ第三ケ日め也、仍すその血上とて湯にて洗申也、しほ入也云々、又七
日めにハ上ヲ洗申事也云々、」
（7オ）
六日、己丑、天晴、朝間曇、
御会なし
今日御会無之由、西三（三条西）条大納言実条卿触也、一昨日自江戸被上洛者也云々、
東九条屋敷に参る
此日東九条屋敷へ罷参候、兵部（朝山吉信）・淡州・作州（山本慶泰）数刻已前出門、雖然こしかき両人つゝ
也、其上長講堂立寄候とて余在所へ参着、暫後三人罷着候也、右三人辰刻出門、余
巳刻過彼地へ参着申候也、」

（7ウ）西御門主（准如光昭）より

天野斗樽蛤

一、天野斗樽壱荷幷はまくり三百計蔵人ヲ使者にて給候也云々、因州（信濃小路為重）今夜申此之由、留守中之儀也、其使者趣、此中他行々也、仍御児御所（良如光円）さまよりの御ミやのよしも也云々、」

東九条屋敷の普請

（8オ）在所へ乗物かき日庸〔傭〕五人やとい申也、又先日三人歟、幷今日於在所日庸弐十四人程也云々、五左衛門申此由了、新屋与西屋敷之間堀うめ申儀地形なと也、どいなと又ハ坤方のかき七八間許歟、

下男等の食事

（8ウ）今日於在所下男十人許中喰、普請仕候故」申付候由也、又夕食者、在所侍七人許、久次・新左衛門・茂兵衛・信濃・九兵衛等五人也云々、勿論供侍但八人歟、又小者已下等也、

当座買

肴物酒代等当座買相済候也、

瓜

毎度如此者也、今日瓜も廿、当座也、

七日、庚寅、天晴、」

馬舟瓜舟

（9オ）馬舟壱つ九右衛門出来持参、以此次瓜舟又あら（つ脱ヵ）へ申候也、

服薬せしむ

今夜好庵来、政所殿腹中気脈とらせ、則薬弐服令調合了、又大納言忠象卿薬同前、

(9ウ)

楊弓あり

此中寿徳庵薬御飲候へとも、自一昨日大坂へ」罷越候故如此者也、

今日堀川来儀、忠象卿為御慰有楊弓、

入夜妙遊来、きやく同道也、但去四日東御門主へ政所殿渡御、此刻より逗留也、妙

玄院殿并姫等御所労少儀也云々、」

(10オ)

南都大樽
串鮑
昆布

若政所殿より西御門主へ山三郎為御使者、大樽南都壱荷・くしあわひ拾連・昆布十束

也云々、

右、長門(八木)迄房より有書状、雖然依不例蔵人(八木)為披露者也云々、

一、以兵部昨日樽給候、雖表謝礼、御門主者少腫物出来として御児御所被謁之者也

云々、」先是山三郎へも如此者也云々、

(10ウ)

馬書を書写す

一、自一昨日次右衛門親父豊後所持本馬養性[生]小巻物ふたつ并同針灸之儀、小巻物等

至今日両日間悉令書写之、但昨日者在所へ罷越候故、両日如件、

(11オ)

左衛門督局腹
中病

一、左衛門督去四日ヨリ至今日不例、腹中也云々、」

八日、辛卯、天晴、

巳刻許自瑞竜寺殿祢々姫被帰宅了、此中依所労、自禅閤御所瑞竜寺殿へ被参候て、為逗留者也、

夢想連歌

今日二句有夢中、此内付句令失念者也、

九重や雲井に高ク月スミてと有之也、」(11ウ)

今夜最▨中祓三種等扇ニ書付候、禅さま依御所望也、

九日、壬辰、天晴、

猿犬に咬まる

昨夜猿犬ニカマレ申候、はをくいしはり平臥躰也、仍円弥呼に遣候へハ巳刻許参、

あいす飲ます

アイス飲申候へハ、未申刻許得少験、物クイ候也、此猿者」(12オ)去五日比自二条殿（康道）内儀へ被進候の也、

高倉熙子不例

一、午刻頭に随御門主（増孝）へ為御迎、下男両人遣之候、昨夜又今朝大政所殿（高倉熙子、九条兼孝室）御めまい候由、禅閤御所被仰候由左衛門督言上、仍如此者也、申刻頭に御門主為御出京者也、

古文真宝巻六種樹郭槖駝伝

一、古文真宝巻之六之内、種樹郭槖駝伝」(12ウ)聞書幷三抄巳下一覧也、三抄少々余聞書之内書加之了、

法華経読誦

一、此日法花経第七・第八両巻読之了、当年合八部今日迄令読誦之者也、但右之内第一・第二・第三巻末程迄者旧冬読候ヲ読続、次ニ当年読之也、」昨朝依有霊夢、今日終一部切者也、

（13オ）

馬責

天野酒

十日、癸巳、雨降、

今朝二疋馬裏寺門前にてせめ申候也、堀川原毛にのられ候、余青に乗候、今昼粥ヲ禅さまへ進候、又天野酒とつくりに進上申候也、」

（13ウ）

水無瀬一斎等高倉熙子を見舞う

今夜大政所殿為御見舞参候也、

十一日、甲午、

此日一斎（水無瀬親具）・同御内儀、堀川中将殿・同内儀、樋口少将殿等被参候、大政所殿為御見廻、仍振舞申了、

（14オ）

藤右衛門佐殿（高倉永慶）より大政所殿御見廻」使者式部参候也、

此日西御門主へ式部為御使者進候、於在所来十三日振舞可申内意之由申進候也、御門主者御腫物有之事候、御児御所計可有御出之由也、

十二日、乙未、」

（14ウ）今朝早々式部方迄淡州に書かゝせ候て、来十三日御児御所可有渡御之由、満足申候、
良如に渡御日程延引の旨を伝う
雖然若政所殿腹中気候間、先四五日許も延引申度趣也、被心得候、土用中者以外暑
気にて候間、何にてもとの」事也、
（15オ）此日キリムキ参匁の分取寄候、此内半分者禅さまへ進上申候也、
切麦
今朝好庵振舞候也、
今昼時分観智院幷南昌院(業陰玄召)長老来儀也、樋口少将等被参振舞了、」
（15ウ）又午刻許次右衛門親父豊後参候、馬之儀少々相尋了、
馬の治療を尋ぬ
一、馬書之内半日トアルハ、血ヲ取巳後九日〆・十一日〆両日中ヲ申也、此日馬せ
め申事仕候者也、
馬責
（16オ）一、馬養性巳後三日不臥有之義也、」四日めにハ他行なと乗馬儀不苦哉と尋候へハ、
かんノヨキハ不可然之由申了、惣而大事馬ハ用捨尤可然旨申了、
一、今夕酉刻許竹門主(良恕入道親王)光儀、ほしいひ十五幷大樽壱荷御持せ也、」
干飯大樽
（16ウ）一、ほしいひ廿者　　板倉周防守(重宗)とのへ
右以因州為使者、

十三日、丙申、天晴、

一、南都大樽壱荷先日弐斗樽八取寄之内也、　一、ほしいひ弐十袋、

一、白鳥壱羽青馬ニ乗之、　以因州為御使者了、

右女院御所(中和門院、近衛前子)ゴカノ庄ニ御座候、御見舞始也、」

一、女院さまより帷子壱つ者、　因州へ被遣之者也、但使者也、

一、まくわ五拾者、　伊勢祭主進上也、

一、竹門主より、昨夕渡御被成候御礼、庄五郎今朝進候へハ、又為謝礼有御使者、

(17オ)

十四日、丁酉、天晴、

今朝卯刻許余不例、腹中五度」但自寅至午刻、くたり申候、又両度中比にくたり候也、不食、但二

(17ウ)

度喰にして皿にひとつ程、昼時分と又夕と両度食之許也、

昨夜戌刻許、大政所殿為御見舞参候、

一、ほしいひ三袋　一、とつくり壱つ酒四升入程の也、　右今夜持せ也、

十五日、戊戌、雨降、」

(18オ)

一昨日昼風吹、如形風也、二時許程歟、

南都大樽
白鳥
五箇庄の中和門院に樽等を送る
帷子
真桑瓜
不例により二食とする
徳利

馬責
今朝辰刻許二疋馬せめさせ申候也、堀中将乗られ候也、

西本願寺門主より使者
午刻許西御門主より大進(下間仲友)為御使者、其儀若政所殿御不例幷大政所殿御様躰等無御心元由也、余依所労不謁之、」但禅さま居申候通申出了、

白粥
(18ウ)
今昼二三十人許白粥申付候、随御門主御供已下為御振舞者也、

増孝帰寺
未刻許随御門主為御帰寺、

本多忠政父子病のため帰国
此日昼時分本多中書(忠刻)京都被罷出、帰国也云々、其儀一昨日美濃守(本多忠政)殿依不例帰国、」
(19オ)
仍雖為所労、又中書下国也云々、惣而中務事外被相煩者也云々、

古文真宝読孟嘗君伝
三東堂抄
一、読孟嘗君伝、
右三東堂抄(笑雲清三)已下今日悉聞書等一覧之、雖聞書少分又三抄無之事有之、是迄古文真宝巻之六終也、又七巻一覧初日也、」
(19ウ)
十六日、己亥、天陰、

嘉定
此日方々嘉定遣之、

菓子贈答
大饅頭
きんとん
弓気多摂州(昌吉)幷大橋越前守(親勝)(後カ)へハ、自他所来候のを、女院さまよりの大まんちう、禅さまよりのきんとんなと也、
一、大まんちう　女院様より余と若政所殿へと、

右御使者小性〔姓〕衆也、余謁之、但配酌者次間にて計也、」

(20オ)

一、堀中将康胤朝臣来儀、嘉定之事於書院侍衆中勿論、諸大夫已下如嘉例表祝旨、一条ひな屋庄右衛門参候也、内儀の喜左衛門・平兵衛等座敷縁通罷出□(了カ)御方御(九条道房)所為出座、余同前、

一、樋口少将信孝者為当御番者也云々、」

(20ウ)

湯殿普請

一、在所新書院東方湯殿三畳敷新調之事、今朝讃岐召寄申付了、

東本願寺嘉定進物目録

東御門主当年嘉定進候目録

一、御門主幷御内儀(成等院)・妙玄院殿等御三人

一、御家中六人御つまの御かた・御まんの御かた・右京大夫・しも・新宰相・稲掃部等也、

右以左内為使者、青馬に乗之了、」

(21オ)

阿古屋

嘉定之事、

一、赤沢采女へ　あこや大閤御所さまより参之内也、因州養子事也、

一、淡州未刻許罷出候、去十二日雖為当番、昼時分より退出、其已後昨日当番又不参、今日罷出、腹中歟所労之由申了、万民此比相煩者多之乎、

(21ウ)

余一昨日腹中相煩候也、昨日得少験、但」但(衍)熱気至于今少有之、仍二度喰、

雲雀汁

雲雀汁等用之、少食之、

中和門院に嘉定進上せず

一、女院御所さまへ御嘉定不進上事、女院御所様御嘉定返報如何之由ヲ、大閤御所迄以女房文相尋候へハ、大閤御所よりハ無御進上之由也、仍余略之者也、

右為覚記之、」

祢々姫千代鶴疱瘡を患う

(22オ)

一、嘉定略之事、二条殿御二所へ嘉定不進之、但其子細今度祢々幷千代鶴殿等（松殿道昭）煩（ハウソ）故相隔申儀也、

一、嘉定略之事、女院様へも同女房衆等嘉定略之、

右七十五日相隔申子細故也、但弓気多摂州幷大橋等へハ私宅へ庄五郎遣之計也、」

(22ウ)

一、随御門主有貴札、此中御逗留為謝礼、

忠象十六歳にて脇塞

一、今夜忠象卿腋ふさき也、十六歳六月十六日自往古此儀式日歟、表祝旨有配酌事、今日御乳人へ銭百疋折紙遣之、次年乙丑也、仲春廿日遣之、此銭者則此姉年頭に先日進候の也、

十七日、庚子、天陰、又昨夜為大雨、亥刻許より終夜歟、

行水

昨今行水、

西本願寺門主高倉熙子を見舞う

本願寺御門主大北政所殿為御見廻、禅閤御所へ渡御之事、

（23オ）

巳刻許両（大）北政所殿為御見舞本願寺御門主」禅閤御所へ御出也、一時余有御雑談者也、此御帰寺刻、余門外迄御音信、未腫物候とて仰置為御帰寺之由各言上也、禅閤御所者本願寺御門主へ廿年許無御見参者也云々、仍旁以良久御物語之由、老父兼孝公有尊書者也、」

雲雀

（23ウ）

一、雲雀卅者　禁中（後水尾天皇）より拝領、

右堀川中将康胤朝臣為勅使、御鷹也云々、

一、極﨟（壬生忠利）・官務（壬生孝亮）等召寄振舞候也、夜半過退下、

一、今日本門主より両親へ御樽御持せ也云々、」

扇

（24オ）

十八日、辛丑、天陰、未刻夕立、暫晴、

一、扇七本代拾九匁也云々、但主水取次、則庄五郎手前銀子渡候、

右壱本ニ付三匁つゝ五本、又二匁つゝ二本也、

一、扇壱本右上の也、（画）縁橋の也、　忠象卿殿へ

一、同下の也、（画）縁草花色々、　千代鶴殿へ

一、同　　　　　　堀川侍従(信親)殿へ」

(24ウ)

一、同縁画伊勢ヲドリ　　官務二男せんへ当年十一歳也云々、

右今日為初参者也、

一、堀川中将康胤朝臣今朝来儀、

一、午刻南昌院召長老来儀、

一、先是官務幷二男せん来也、

一、大竹三本　　小野へ所望に進候也、」

(25オ)

一、篇(簾カ)四間新也、在所へ持せ遣之、

又新き三方足打等也、

入夜極﨟来、昨日表謝礼者也、

十九日、壬寅、天晴、

兼孝瓜贈答目録

禅閤様瓜御用日記写

一、五十者　　西洞院宰相(時慶)殿へとの事」

(25ウ)

一、同百者　　広大納言(広橋総光)殿へとの事

一、同前　　　　勧修寺(経広)とのへとの事
一、五十者　　　富小路とのへとの事
一、同百者　　　嵯峨二尊院へとの事
合四百也、(午刻許如此旨自大政所殿有尊書、但左衛門督方迄の御文也、)
先是以左文、瓜之儀明日中御遣候て」可然候、来廿二日ニハ本願寺御門主・
同御児御所等振舞申ニ付、取紛候由申進候刻如件、（兼孝に遣わす文）
一、観智院来儀、大政所殿為御見舞也云々、（26オ）
一昨日候哉、瓜籠壱つ観智院より給候、
一、香薷散五十貼(服カ)　　半井寿庵持参、」（香薷散）
一、女院御所さまより　　さかい瓜籠二つ数廿歟、
伊豆ト云、五十余程の御侍使者也、（26ウ）
一、瓜壱籠弐十計歟、　　中御門大納言(資胤)とのへ
一、右瓜者　　　　　　　東寺上綱昨日進上の也、
一、なすの紙弐束者　　　上綱へ遣之、昨日の事也、（那須野紙）

一、瓜三十入籠　　　寿徳庵へ」

右今夕呼遣候、此次為音信者也、若政所殿此中腹中気、今日又再発申候故、呼遣者也、但今日六七度歟、今夕喰已後少間に両三度くたり候、

完子腹病再発

(27オ)

一、忠象卿御乳今晩振舞申候也、又小者迄汁・酒等也云々、」

(27ウ)

申刻許瑞竜寺殿(日秀)光儀也、右振舞已前にて御膳進上申候也、

一、扇壱本者今日取寄候ハ三匁の也、　樋口少将とのへ

廿日、癸卯、天晴、

一、瓜四百者但百ニ付六匁五分つゝ也、東寺にてかい申候、権兵衛取次也、

右禅さま御用之分也、」

贈答用の瓜を買う

(28オ)

一、瓜壱籠卅入　　金剛珠院持参也、

一折二尺五寸計、但三尺程歟、はゞハ又二尺計の也、　五宮さまより(貞子内親王、二条康道室)

一、右一折ヲ　　中御門中納言殿へ以作州為使者、

一、瓜壱籠者金剛珠院よりの也、　清閑寺中納言殿へ(共房)使者因州也、

一、今夜清四郎南都より上候、昨日酒一駄斗樽取に遣之、今日在所迄着候、明後日振舞用也、

西本願寺門主の使者に謁す

（28ウ）

一、今夕本御門主より蔵人為御使者、其趣」明後日於御在所御茶子被下之由、過分之由也、余謁之、有配酌事、

廿一日、甲辰、申刻頭雨降、

瓜贈答

一、瓜壱籠三宝院御門主より禅さま為御音信有尊書、余報答仕候、老父依命也、

一、瓜一籠五十入者　日野中納言殿（光慶）へ　使者因州」

（29オ）

一、瓜壱籠五十者　藤右衛門佐とのへ　使者次右衛門

一、瓜壱籠四十五者　藪殿へ　使者次右衛門也、

一、今朝清閑寺中納言殿より使者、昨日瓜謝礼、

東九条亭へ赴く

一、未刻許出門、申刻東九条亭へ参着也、若政所殿幷玉松殿等令同道了、

今日舟壱艘之代五匁也云々、庄五郎肝煎、」

（29ウ）

一、今日供者左衛門督幷房・つか・なり等也、又二条殿のこな参候也、

一、今日此在所へ台壱つ持せ候也、昨日記之、入日記等有之、

煙草

一、たはこの事、今日たはこかい申候代弐匁余御方御所御乳取次也、但右代物不相渡也、」

（30オ）

一、瓜三十者　九兵衛進上也、

一、又同　　　　　　　　　同人御つほねへと也、

一、御影堂扇四本者、代壱匁つゝ、合四匁也、

一、同同拾五本者、但五分つゝ、合七匁五分歟、

都合拾壱匁五分此銀子者、昨日南都酒代余、則清四郎相渡候、昨日使者同人、

廿二日、乙巳、天陰、未刻雨降、」

（30ウ）

西本願寺門主父子初めて東九条亭に来る

未刻許本願寺御門主・同御児御所東九条亭へ初而光儀、

白鳥

一、白鳥弐つ者　　　　　　西御門主より

単浅黄綾茶に鷹羽練縞白晒

一、単ふたつあさきの綾ちやに鷹羽ねり島幷白さらし壱つ以上参っ

右、御児御所より　　以上余かたへの分也、

京樽諸白

一、台所幷京樽諸白壱荷者　　西御門主より若政所殿へ」

（31オ）

奈良晒

一、奈良さらし拾疋者　　　御児御所より若政所殿へ

新書院に於て対面

今日於新書院各懸御目候也、先有配酌事、其後有振舞、

曲舞

入夜御児御所御舞候、曲舞計也、千種〔手〕・杜若等也、此外先曲舞老松はやし也、此

（31ウ）

已後少々あしらい」鞁仕候也、うたひ蔵人幷茂左衛門（中村之酉カ）、笛喜内、小鞁重蔵（池尾重友カ）主水子息也云々、大

鞁甚兵衛・弥大郎両人也、太鞁長兵衛等也云々、庖丁太兵衛御門主御乳ノヲイ也云々、
又御供大進・長膳・長人・同蔵人等御膳已前召出、有配酌事、」
（内）（門）
ミ（横田可言）
亥刻許御門主・御児御所等御帰寺也、

（32オ）

青銅樽代

廿三日、丙午、天晴、
午刻瑞竜寺殿渡御也、青銅弐百疋御樽代也、
同刻祢々姫来儀、北向祢々御乳等輿供也、乗物かき六人日庸申付候也、」

昨日光儀の謝礼

（32ウ）

昨日為謝礼、今朝巳刻許淡州本御門主へ進候也、又同刻大進祗候也、余謁之了、
今夕又昨日乱舞衆召寄、振舞申候也、

単白晒帷子

単幷白さらし帷子者　　蔵人へ
帷壱重つゝ六人」
帷子壱つ者　　式部父 勘右衛門（西川長正カ）
同前　　甚助へ（富島宗綱）

（33オ）

今夜曲舞三番　　江口・三輪等也、
江口大鞁甚兵衛仕候、是計也、残弥太郎也、

（33ウ）
四条まで乗船す

廿四日、丁未、雨降、未刻晴、陰晴不定、

未刻許在所出門、舟壱（艘）ソウ代五匁歟、」四条迄乗之、瑞竜寺殿・若政所殿等為御同船者也、

大般若経転読

廿五日、戊申、雨降、但未刻より晴候也、

禅閤御所にて大般若経転読、大政所殿御不例為御祈禱、於禅閤御所有此義者也、

（34オ）
単浅黄綾

一、単壱つ綾のあさき也、今度御児御所よりの也、・帷壱つ者　松（慶俊）禅院へ」

一、壱部五切（アキマヽ）者　五人僧衆へ

右

一、帷子壱つ者　松禅院里坊留守居僧へ

右今日経くはりの役者也、仍如件、

禅閤御所において祈禱

今朝於禅閤御所若政所殿幷子息達為御祈禱有御振舞者也、未刻帰申候也、」

（34ウ）

一、自瑞竜寺殿今度為一礼妙月禅閤御所へ被参候、振舞已後退下也、

今夜自禅閤御所千代幷祢々姫等被帰候也、千代者去月晦日依所労禅さまへ被参候也云々、

廿六日、己酉、

樋口少将来儀、暫堀中将来也、」

夜半過退下、碁有之、

碁あり

此夜笛調子之書一帖悉覧之、

笛調子の書を一覧す

此日樋口少将屋敷家等六間十八間所、調申度由言談也、

（35オ）

二貫五百目計家也云々、

廿七日、庚戌、天晴、申刻夕立小時也、」

一、此刻千代鶴殿為学文竜眠庵へ入寺也、此供侍因州・次右衛門・助兵衛・伝左衛門・市助等也、千代騎馬、因州同前、

千代鶴学文のため竜眠庵へ入寺す

（35ウ）

一、今日朝より樋口少将光儀也、堀中将者此日水無瀬所へ被参」旨昨日物語也、

（36オ）

一、手綱ふたつ八寸つゝ染に遣之、助兵衛取次也、此二代染義弐匁五分也云々、

手綱を染色せしむ

一、手綱ふたつ新調代三匁也、一匁五分つゝ也、右当座かい也、伝左衛門調申候也、」めうちんのくつわなをし候事、代物銀子拾匁也、先日此代勝五郎預銀子遣之、伝左衛門取次上申候也、

（36ウ）

明珍轡を修繕せしむ

天野斗樽

一、天野斗樽壱つ　　千代学文所へ

錫
南都諸白
強飯小外居
干飯

一、すゝ弐対南都諸白　　寿長老へ右余遣之、

又こわいゐ小ほつかい壱つ・ほしいひ拾者」

右自内儀寿長老ヘ持せ也、

(37オ)

馬湯洗

一、今日馬二疋湯洗申付候也、

一、此日淡州雖為当番不参也、

連歌会延引

一、又昨日連歌会二条殿宮内所（朝山幸綱）有之由申候へ共、春重隙入候て、明後日迄為延引之

由兵部申之、」

鞦を新調す

一、馬のしりかい三つ白ヲ新調申候、代物廿四匁歟、但八匁つゝ也云々、

紺染

右之内ふたつ者こん染、代五匁也、壱ニ付弐匁五分つゝ也云々、

(37ウ)

右助兵衛取次、但東福寺ヘ供ニ参候故、庄五郎ヘ其所申置也云々、」

(38オ)

東九条村吉井水の事

廿八日、辛亥、天晴、

吉井之事、

東九条村之内吉井水之事、余亭北方寺内井一段水也云々、一昨日作州祖母言上也、

堀河康胤へ青馬を貸出す

(38ウ)

午刻許青馬一疋堀中将康胤朝臣へかし申候、今日水無瀬所へ」依被参也、

此日銭百文者、房手前ヨリかり申候、但今日馬のくつなとの用也、長次郎請取候也、

古文真宝巻七
桐葉封弟弁

一、古文真宝巻之七之内、桐葉封弟弁聞書并三抄一覧、次少々書加之者也、

白蜜

一、白密〔蜜〕九十目者　代弐匁七分也云々、庄五郎取次、一条播磨所也、」

古文真宝諱弁

一、諱弁ノ聞書覧之、是七巻終也、古文真宝ノ終

（39オ）

今日未刻許禅閤御所へ以愚簡申云、来朔日朝御振舞可申由申進候へハ、御心得被成旨也、表祝旨儀也、

康道七書点本の貸出を乞う

廿九日、壬子、天晴、

（39ウ）

午刻自二条殿有使札、其儀七書点」本御借有度由也、唯今隙入候条、頓而尋出可進之由申了、

一、壱部壱切　柔長老弟子へ（剛外令柔）

右明日侍者成也云々、仍次右衛門来申候間、以御乳遣之了、

古文真宝巻八
出師表後出師表抄
薫衣香拝領

（40オ）

古文真宝巻之八之内、出師表・後出師表」今日未刻過迄抄聞書等令一覧了、

一、薫衣香拾拝領、　勅使甘露寺也、（時長）

右為嘉例毎年拝領也、

堀河康胤より青馬を返さる

中刻許青馬自水無瀬堀中将被返者也、然間此馬のかい大豆壱升計に申候へと申付候也、」

奏者所を修築す

（40ウ）

一、大工四郎兵衛壱人来、奏者所東縁仕候、板新しく敷替候事也、今日初日也、

古文真宝巻八陳情表

一、陳情表、コレ古文真宝巻之八終也、抄聞書覧之了、

（〇以下余白）」

（〇八丁白紙）

幸家公記 寛永元年十月～十二月

「（原表紙外題）
寛永元年　初冬
　　　　　霜月
　　　　　極月
日記　　　　」

寛永元年初冬大

〔十月〕

一日、壬午、心宿、天晴、

（1オ）

○九条幸家本年三十九歳、前関白従一位

昨日自京上屋敷東七条御門主（宣如光従）へ参候也、但若政所殿（豊臣完子）ハ、自廿九日御門主へ御越候也、

上屋敷より東本願寺へ参る

東本願寺より東九条亭へ入る

今日午刻許、東九条亭へ各参着也、政所殿者、少先へ御立候て、在所亭へ被参也、

二日、癸未、天晴、

此日午刻許、東御門主(宣如光従)并妙玄院殿(教如光寿室、宣如光従母)・御屋々の御かた」・御内儀(成等院、宣如光従室)等来儀也、入夜被帰寺了、

(1ウ)

三日、甲申、陰時々雨降天晴、但微雨、

居湯

此日於在所ヲリ湯、政所殿并女房共也、

詠歌大概東光院殿聞書を書写す

今夜詠歌之大概東光院殿(九条稙通)聞書残分廿枚余、及鶏鳴悉終一部切書写之畢、

四日、乙酉、天陰、雨時々降、

准如良如来臨

今日午刻許、西御門主(准如光昭)・同御児御所(良如光円)等光儀、

奉書紙

一、はうせう五束者　御所さま(九条兼孝)へとて披露也、」

(2オ)

樽柿塩鮭

一、樽壱荷并柿壱籠・しほざけ壱尺者　同政所殿(高倉熙子、九条兼孝室)へ

右御供大進(下間仲友)・集人(隼)・蔵人(八木)(八木定長)等也、しやうばん(相伴)に次間迄罷出候也、入夜初夜時分

還御也、御児御所三度御舞候也、

五日、丙戌、陰晴不定、

宣如姉姫鴨川で船遊を催す

此日午刻許、東御門主幷御内儀、右京大夫一人御供也、未刻末時分船遊に弐ソウ(艘)四条迄引寄に遣之、乗之、下方橋ふたつ」（2ウ）此北方迄南与北間川迄乗船、御門主御供庄左衛門・数馬両人也、但巳刻より長吉・三之介・五郎八・次郎四人召寄之間、此小性(姓)衆も御供也、但御座へハ三之介計也、掃部乗船了、

六日、丁亥、

東九条亭風呂屋の縄張を行う

此日大工讃岐召寄候て、風呂屋在所へ可遣之由、少々内談申付候、指図等也、」（3オ）

七日、戊子、

此日東九条亭へ、風呂屋なわはりの用に罷越候也、

今夕酉刻計、山本隼人(重泰)私宅へ有振舞参候也、壱部壱切遣之了、

精進

八日、己丑、

今日為精進、

大工讃岐召寄指図、又改令談合了、」（3ウ）

宣如来臨

九日、庚寅、

此日東御門主へ庄五郎進候て、光儀待申候由申候へハ、則未刻計光儀也、又(マヽ)

宣如より源氏物語古筆を借りる

一、源氏物語古筆御持せ候て、御出候也、二三日留置可申由言談也、申刻計殿下へ為御見舞、御門主来臨也云々、従其二条殿（康道）へ御在寄候て、入夜御同道候て光儀也、」

召長老（業陰玄召）幷（マヽ）西堂御供也、

御供衆庄左衛門・重左衛門・喜三郎・左内・作重郎等次間迄罷出申候也、但振舞者、於客亭有之後也、

（4オ）

十日、辛卯、

囲炉裏作事

一、大工讃岐、今日初而立事仕に参候也、四畳半などのユルリきらせ申候也、壱人計也、

右大工覚也、」

（4ウ）

畳さし　囲炉裏作事

一、畳さし太兵衛来、但書院南間拾畳さらさらしの用也、又今日四畳半之内壱畳ユルリノにきらせ申候也、此分計へり畳さしさし申候也、

愛宕山長床坊参る　諸白　柿　昆布

一、愛岩（宕）山之内ナガトコハウ坊初参、進物諸白壱荷但七升入計歟、・柿二百計・昆布五束等也、

沐浴

一、今朝久敷無之沐浴仕候也、

一、今日橋姫巻五枚、仮書写之、西行筆也、」

西行筆橋姫巻を書写す

一、江戸紙の打紙三帖　観智院(亮盛)より

江戸紙

右あつらへ申候草子紙之内也、

(5オ)

十一日、壬辰、

東山善正寺へ若政所殿・大納言殿(九条道房)等令同道参候也、終日遊申候、有振舞者也、

東山善正寺に遊ぶ

一、今夜月面白趣向少々有之、

一、米壱石折紙者　東山善正寺へ　自筆也、」

米折紙

右為覚記之、

(5ウ)

十二日、癸巳、

今夜大政所殿(高倉熙子)為御見舞若政所殿令同道了、従内儀(豊臣完子)てんかくなどの御持せ有之、

高倉熙子見舞田楽

十三日、甲午、

一、今暁有霊夢、アね姫ヲ余ダキ候て、北野御本地宝前幷同御社為眼前、」仍俄北野参詣、若政所殿幷御方御所(九条道房)等令同道者也、此次又紫野歟今宮参、

霊夢により北野社に参詣す

(6オ)

一、壱部壱切者　右宿別当へ遣之、

右千代御乳ヲ以テ遣之了、

一、北野神前ヘ銭百疋、但能良呼出遣之、

一、同銭弐百文者　神楽代也、

合壱貫弐百文也、此銭者先日銭四貫五左衛（門脱）かい上候内遣候也、日記可見

之、」

（6ウ）帰路御霊社に参詣す

一、御霊又今日帰路参詣、

銭合参百文遣之、此内神楽弐百文神前百文進候也、

十四日、乙未、

車　在所ヘ風呂殿具（道カ）也、

一、（アキマヽ）

一、（アキマヽ）

十五日、丙申、」

（7オ）作事

大工讃岐又弟子等両人来、四畳半の東湯殿西間を間のしたみなとさせ申候、又しき

ミ・かもゐ仕候也、幷又棚竹柱たてなと▨（仕）候也、

今夕大政所殿為御見舞、（鷹司信房）大閤御所の（鷹司信房室、佐々成政女）政所殿御成候也、仍余参候、先是房・小少将等祗候申候也、御すゝ色々御持せ候也、

一、此日こぼ御暇申候て、罷出候也云々、」

（鷹司信房室高倉熙子の見舞に来臨す）

(7ウ) 十六日、丁酉、乙酉、天晴、

今日又大工両人来、禅閤御所くらみちあかりくちのおほい、又南方間半戸しきみなと古ヲ新ク作改候也、

（禅閤御所建具新調）

未刻計東福寺へ参候也、開山キ見物に東御門主千代鶴（松殿道昭）方へ御約束、仍余参候也、

(8オ) 二条殿千代於学文所振舞申候也、」又御内衆少々・同御門主御供衆巳下振舞申付候也、

（東福寺へ開山忌見物に参る）

（千代鶴学文所にて振舞）

亥刻計令帰宅了、

一、扇壱本両金タトヲや　観智院より

右千代鶴殿へ、初参進物也、

（両金扇）

今日於常楽烏帽子タフフク着之、花・懸物等令見物之了、二条殿又御門主・千代等クワタウ也、」

（烏帽子道服）

（裏頭）

開山御忌

此次開山こき出候躰令見物了、

帰路妙玄院等に行き逢う

（8ウ）

一、今夜寺町きい町南のクキヌキにて妙玄院殿幷姫君なと御帰寺行逢、余騎馬也、淡州同前供也、（信濃小路宗増）戌刻過計歟、但此刻計歟、帰宅、其儘鐘鳴申候也、依為町中殊月明夜不下馬、

東九条亭に風呂を引く

一、今日ヨリ東九条風呂引申、大工始又讃岐に申付候也、但態とヲり不申候由理申了、」

（9オ）

十七日、戊戌、天晴、

江戸御移徙為御祝義使者兵部用意之儀、左衛門督へ少々申付候也、

一、今日東九条大工有之、

十八日、己亥、天晴、

宣如来臨す

午刻東御門主権僧正光従（宣如）光儀、数奇より御立寄也、但此日内々為御契約者也、其儀

書院奥間茶立所体になす

書院奥間南八畳床已下十帖也、」茶たて所躰に竹柱たて、袖へいのことくあしろなとの事、幷炉入也事等、今日大工左兵衛已下三人めしつれられ候て、被仰付候也、（申候）

（9ウ）

煙草蠟燭

一、永念寺ト云テ御堂御供也、江戸毎度為御使僧也云々、初参也、たはこ・蠟燭五十挺持参也、

(10オ)

餅夕膳振舞

一、木村屋ノ（ソウイ）同御供也、久数奇者也云々、」但此者ハ餅振舞已後退出也、夕膳已
前令退出了、
大工左兵衛已下三人同前、早出也、

粟津元辰所労

一、御門主餅幷夕御膳両度於内儀振舞申候也、秉燭為御帰寺被出門者也、今日御物
語、大進（粟津元辰）所労さん〳〵也云々、期間にも身まかり候とも、無御存知事也云々、
今夕者以外為躰也云々、」

(10ウ)

梨地蝶紋鞍鐙を新調す
蒔絵屋
生鯛

一、梨地文蝶のくら・あふミ新調、まきゑ屋道弐持参也、
生鯛中弐つ者　道弐持参也、

一、今日御門主御供左近幷重左衛門等也、
右依有客余不謁之、

十九日、庚子、天晴、

風呂

此日有風呂、瑞竜寺殿（日秀）内儀へ光儀也、此次御弟子之儀内々入魂申候也、」

(11オ)

湯浴

一、今朝又湯アヒ候、

高倉熙子容態

一、大政所殿従一昨日御口右方へ十八日申刻計ヨリゆかみ打続候て、其儘也、

風呂屋作事

一、五左衛門来間、風呂屋指図申付候、

豆腐
肴重
徳利

一、今夜大政所殿為御見舞、若政所殿令同道参候也、
　トウふ拾ちやう・肴重・とつくりなと申付、進物也、
　大政所殿御番始之事、
　此夜御ときとして御方御所御乳一夜つめ申候也、」

(11ウ)

一、今日迄三ヶ日(ジユサン)(寿三)不参也、此已前二三日程針たてに参申候也、

鍼

廿日、辛丑、午刻計雨降、
此日同前はりたて(シユサン)参申候也、

東九条へ使者

今朝めし過候て、東九条へ権兵衛使者遣候、風呂屋たてやうの事也、
式部申云、長門方より参候やうにて申来候由候間、則参候へと申付候也、」

(12オ)

完子女御御所へ参る

一、若政所殿未刻計に、女御様(徳川和子)へ被参候、玉松殿(栄厳カ)同道也、御供つほね・御乳三人・
　小少将なと也、御方御所・千代・玉松なと此三人の御乳とも也、
　左衛門督依腫物不御供申候也、

小判

一、小判壱切　　権中納言殿へ

銀子

一、銀子壱枚者　　兵部卿殿へ

右若政所殿へ引替申候也、俄なる故急申候とて、余引替候也、つほねへわたし候、」

天照大神宮の夢

（12ウ）今暁天照太神宮夢之者也、猶其子細有之、

廿一日、壬寅、

今夜二条殿江参候、少々御内儀（貞子内親王）御不例故也、

姉姫高倉熙子の見舞に来る

（13オ）東七条御門主御内儀、未刻計に御出也、但大政所殿為御見舞也云々、今夜逗留也、」

御供右京大夫・御まん・新宰相等也、

廿二日、癸卯、天晴、

妙玄院高倉熙子の見舞に来る　肴重

此日未刻計、大政所殿為御見廻妙玄院殿来儀也、肴重なと御持せ候也、此方へも同前也、

下々迄禅閤御所より御振舞有之、但於余家内申付了、

入夜妙玄院殿又姫君なと帰寺也、」

詠歌

（13ウ）一、又作朝を夜に趣向一二首有之、別可記之事也、

煙管　煙草

一、きせるふたつ幷たはこ一包

右妙玄院殿より政所殿へ同前也、

銀子

一、銀子壱枚者　　笛牛尾豊前へ

右江戸へ頓而罷下候、為暇乞参候間遣之了、

右かね者、内儀へ銀子壱枚引替候ヲ返弁の也、」但小判者壱切いまた無返弁

者也、

（14オ）

祢々姫祝言につき完子より秀忠御台に文を献す

一、祢々姫殿具之事、江戸御台御方（崇源院、徳川秀忠室）へ若政所殿ヨリ文被進候、其儀祢々姫君殿具之儀也、年内にも祝

言可有之、内証趣被申越者也、但早便宜ニ女御さまより被相届候様ニと、権中

納言のかた迄被遣之也、

廿三日、甲辰、

東九条亭に参り指図を申し付く

已刻計、東九条屋敷へ参、及夜中」令帰宅了、指図少々申付者也、

（14ウ）

栗津元辰死送

此日東七条粟津大進死サウ有之、余在所へ参候、自路次庄五郎遣候へハ、有サウ、御

門主モ御忍にて御見物也云々、但一説昨朝死去也云々、（但昨朝廿二日『癸卯、』）

今晩二条殿へ御内儀為御見舞房参、初夜時分罷帰申候也、

（15オ）

青馬

昨夜小野迄青馬遣之、随御門主（増孝）侍乗」騎馬之用也、今朝早々罷上候也、

廿四日、乙巳、

寝酒

昨夜寝酒二盃飲之、霰也、

一、巳刻三宝院自御門主以飛脚有御状、其儀有子細別記之、令報答了、

瓢箪

一、ヒヤウタン仄入壱つ者　観智院持参也、

柿

一、柿壱籠者　女御さまへ進上、先日女院御所さま（中和門院、近衛前子）より被下候の也、

一、巳刻計東九条村へ作重郎遣之、但」普請之儀也、申刻計帰了、

一、下男四人在所へ普請用に遣之、此内与三遣之、内儀の者也、

二八明題集を書写す

（15ウ）

一、写本之事、今日申酉刻計、二八明題集雑下書写始之、

一、今夜藤右衛門（高倉永慶）佐来儀、暫言談、次大政所殿為御見舞参候、大政所殿御対面也

云々、」

（16オ）

廿五日、丙午、

精進振舞

一、今朝きい精進振舞有之、殿有志也、一周忌也云々、（道カ）

一、又今朝勧門（寛海）来儀、但随御門主へ依有用所也、

一、巳刻一斎（水無瀬親具）来儀也、

一、今晩ジユサン於禅閣御所有御振舞也、

西行筆の橋姫巻を書写す
一、今日両首趣向求之、猶可案之、
一、此日橋姫巻十五枚計廿五枚め也、以西行筆」令書写之畢、（16ウ）
九条稙通筆肖聞一冊を兼孝より返さる
一、肖聞一冊自老父返し被成候也、東光院殿御真跡也、
一、（堀河康胤）堀中将来儀也、入夜也、
一、未刻計一斎来儀也、酉刻帰宅了、
廿六日、丁未、天晴、
梨木町屋三間焼亡す
今夕酉刻計梨木町屋三間焼亡、東門ヨリ壱町之内家也云々、」（17オ）諸家少々為見舞被来候也、
一、今夜勧門主来儀、随門主与暫為御物語者也、
廿七日、戊申、雨降、
後水尾天皇より玉葉文治六年四月記の上進を命ぜらる
玉葉之事、主上（後水尾天皇）ヨリ勅使堀川中将仰云、玉葉文治六年四月廿六日此一冊御用之由承候間、則上申候、立后事有之、女御任子（宜秋門院、藤原）立后三ヶ日之儀有之、「東御門主の塗の文かうへ入上候、墨付合百廿三丁歟、」
史記
康道より借用の本目録
一、史記　　五十冊
又去当月廿二日二条殿御かり候本目録但以御自筆令書写之了、（17ウ）

考索
一、考索　九冊
通鑑綱目
一、通鑑綱目　五冊
通鑑
一、通鑑　拾冊
家法詩抄
一、家法詩抄一　壱冊
古文真宝抄
一、古文真宝抄　拾四冊」
右都合六色也、二条殿御かり候分也、今日禁中へ玉葉上申候事之次、思出書付了、
(18オ)
今朝方々夜前御見舞幷使者等給候方々江、為謝礼使者数人申付候、
又今朝浴申候、昼甚雨以外也、及晩猶雨降、
一、壱部弐切者　栗津右近(元故)へ　但大進志也、」
青銅
一、若政所殿より青銅弐貫文者　同人へ
右今日昨夜為御見舞侍卅人、東御門主より給候、其礼申因州(信濃小路為重)進申候、此次
(18ウ)
今日申日予事吉日候故、則因州右使者遣之、
蜜柑
一、密泔二百計　女五宮(貞子内親王)さまより

餅肴重

一、餅・肴重など　　同所より若政所殿へ

今晩壱岐守嫡男（矢野利長カ）為御見舞来、」

（19オ）

一、未刻計樋口少将信孝来儀、

一、同刻少已前、妙月此外瑞竜寺殿比丘尼衆来、今朝妙蓮来儀也、但寺町きい所へ

の次なから見廻也、

十方暮の事

十方くれの事

壬（甲）申日ヨリ十日間也云々、

右老父禅閣公（兼孝）以御自筆、為覚記之者也、」

十方くれの日

（19ウ）

甲申自今日十ヶ日の間也、此当十ヶ日（天一天上即癸巳也）、先度書付申候者、令相違候なり、初

冬廿八日午頭刻尊書也、

西行筆橋姫巻の書写を終える

廿八日、己酉、

此日至申刻頭、西行筆本橋姫巻終書写者也、今日八九枚計書之了、

一、三御門主より有尊書、報答申、但淡助筆也、」

詠歌

一、此日市助東九条へ普請之儀出来申分、書付上候へと申付候、（20オ）
今夜上句無首尾下句未無分明也、
廿九日、庚戌、天晴、但巳刻初雪飛少也、
一、今朝沐也、

禅閤御所柴部屋を修理す

一、此日禅閤御所柴へや修理、やね板・柱二三本計取に遣之、但左衛門督へ申付代
物、当座遣之、式部取次也、」則奉行也、
一、日庸〔傭〕両人やとい申候也、禅さま御用柴屋ほりたてなをす用也、（20ウ）

腰障子

一、東九条より五左衛門来、普請之儀少々申付候、又腰障子四枚持せ候て、両人遣
之了、御方御所小者、又小者一人等也、
一、観智院より先日火事近辺之儀、文来候也、権兵衛返事申候也、」
一、今朝禅さま御普請為御見舞参候、次大政所殿御見廻申候へハ、御気色小験〔減〕也（21オ）
云々、
卅日、辛亥、
一、日庸四人やとい申、寺町やねふき申候也、但此内両人者、禅閤御所さまうらの

柴屋のやねかへ下地なと仕候、喜之介やとい少々遣之、甚左衛門奉行、則日てつたい少仕候也、」

（21ウ）

一、西刻計軽倉南方かき申付候、

一、銀子拾弐匁五分計、一丈木幷まるた木なとかい申候かたへ、左衛門督より相渡候也云々、此外手前銀子渡之、下男久右衛門つかい申候也、

一、又小者三人寺町普請につかい申候也、

一、あんこの代遣之、青銅也、長次之日記有之、」

（22）

（〇一丁白紙）」

〔十一月〕

（23オ）

寛永元年

霜月小

朔日、壬子、雪朝間、午刻計雨降及晩、

霊夢本懐

東九条亭の普請を見舞う

雁

興子内親王櫛置の祝儀を徳川和子に進上す
杉原紙
薄帯
昆布
塩鯛
白鳥
京樽

夢之事、
今暁霊夢本懐之至、大慶也、

一、長袴・肩衣壱くたり者　　笛宗兵衛へ

右江戸へ来四日五日比豊前(牛尾)と罷下也、暇乞也云々、

一、今夕随門主(増孝)有気入振舞有之、」内義(豊臣完子)も下々迄也云々、（23ウ）

二日、癸丑、天晴、

未刻東九条普請見舞趣候也、大工六人幷山本木工等振舞候也、入夜令帰宅了、騎馬

也、淡州(信濃小路宗増)同前、

一、雁壱羽者　　八条殿(智仁親王)より

右留守中に参候也、

三日、甲寅、天晴、」（24オ）

女御様(徳川和子)へ

一、杉原十帖・薄帯弐筋

一、昆布十束　　一、しほたい拾まい

一、白鳥壱羽　　京樽弐荷

右姫宮様（興子内親王）へ今日御くしをきの為御祝義者也、

使者淡州進候也、

徳川和子より の賜物目録

又女御さまより御樽目録」

（24ウ）

一、白鳥　　一折　壱羽

一、昆布　　同　弐十有之

一、するめ　同　同

一、ひたい　同　同

一、くしあわひ　同　同

一、御樽五荷者、皆京酒也、

右為御使者、

一、杉原十帖・扇三本入　女御さまの御使者」

（25オ）

一、此日巳刻、大閤（鷹司信房）御所へ参候へハ、御留守にて申置、自是二条殿（康道）へ参候也、五宮さま（貞子内親王、二条康道室）ニハ、女御さまへ御成候とて頓而御出候也、又二条殿ハ女院（中和門院、近衛前子）御所さまへ頓而御出候也云々、

白鳥

昆布

鯣

干鯛

串鮑

京酒

扇

一、申刻計、観智院(亮盛)来儀也、

一、餅のひけこ参つ者　女院御所さまより

餅の髭籠

一、壱部壱切者　禅大政さま(高倉熙子、九条兼孝室)御用

右いふちく侍へ被遣之也云々、

(25ウ)

四日、乙卯、」

一、此日巳午刻計随御門主東九条村へ有風呂御趣候也、千代鶴殿(松殿道昭)則自竜眠庵可有御参会之由申進候也、

東九条亭へ参る

未刻禅閤(九条兼孝)御所へ参、有御振舞者也、入夜大閤御所へ参申候、夜半前計帰宅了、」

(26オ)

五日、丙辰、

此日未刻計東九条へ罷越、其儘同刻罷立、申刻頭令帰宅了、

一、女院御所さまへ　生雁壱羽進上、但八殿(智仁親王)ヨリノ也、

生雁

右但去三日進候、失念也、

一、鴫壱羽者　大閤御所より

鴫

一、権兵衛アねむこ相煩申候とて、暇乞罷出申候也、但昨日の事也、

（26ウ）

一、作重郎者、いとことやらん煩とて、在所への」供に不罷出候也、

一、今晩客有之由申て、雖為当番自在所罷帰、私宅へ参了、蠟燭二三挺客候とて、（淡州）
淡州申請間、千代御乳申付遣之、

蠟燭

六日、丁巳、

一、あまはうし百計　　太兵衛持参

甘干

一、小樽壱つ者　　随御門主より」

小樽

（27オ）

右今日東寺普賢院来儀、随御門主への進物也云々、

此日防州（板倉重宗）へ随御門主渡御、勧門主（寛海）御同道也云々、但不懸御目有子細也、

増孝寛海等板倉重宗を訪ぬるも面会叶わず

七日、戊午、

一、千代鶴殿従竜眠庵帰宅也、去月六日入寺、今日三十一日め歟、

千代鶴去月六日竜眠庵に入寺し此日帰宅す

一、今夜大政所殿為御見舞参候也、」逗府（豆腐）十てう・肴等持せ之（候ミ）、

（27ウ）

豆腐
肴

吉野紙五束者　　若政所殿（豊臣完子）より御持也、

吉野紙

一、今日淡州本願寺（准如光昭）御門主へ遣候て、祝言之儀当月中と申遣候へハ、御普請不出来候間、又出来候ても、五日十日ハ御こしらへにも隙入申事候、如何様年内ニて、

祢々姫祝言を今月中と望むも西本願寺より年内との返答あり

御内証之由長門申也云々、入夜帰令言上者也、」

（28オ）
八日、己未、天晴、

一、巳刻御方（九条道房）御所小者、東寺観智院所遣之、

一、未刻罷帰了、其儀来十日於東九条大般若転読之儀也、可相触旨報答也、

薄の縫物
一、一昨日より薄のぬい物廿、女御さまよりぬいにまいり候て、於内儀各夜中迄仕候也、

九日、庚申、

一、大工讃岐壱人来、寺町西八畳大工遣初也、随さま御用也、」

釘
（28ウ）
一、弐匁一分五分者　同所用くき当座かい也、

一、拾七匁者但昨日勘左衛門へ渡之、

右祢々姫君大つゝら壱荷代四十六匁之内渡之、文藤丸にて申付候、

（〇四行分余白）」

西本願寺の人数
（29オ）
本御門主　寛永元年霜月九日式部上て相尋候者也、

人数写

御門主
北かミさま（寿光院、准如光昭室）
御児御所さま（良如光円）
御あこ様
御あちや〳〵様
御ちや様」（29ウ）
姫君様
いと姫様
やゝ姫さま
ちや〳〵姫さま
（〇四行分余白）」
上らふ　壱人（30オ）
御局
宮内卿

御児御所様
御乳人

宰相

御乳人達　七人

式部卿

御中﨟衆　廿人余」

御しも衆　壱人

女御中居衆　八人

又

御はした衆　六人

大台所女　七人

（〇三行分余白）」

男衆分

坊官衆　六人 此内年寄分四人

奉行衆　四人

（30ウ）

（31オ）

惣侍衆　五十壱人　此内小性〔姓〕衆五人
さだう衆　二人
御同朋衆　壱人
御堂衆　十三人
御中居衆　五人」
綱所衆　十八人
御掃除坊主衆　八人
御中間御小人衆　廿人
御下部衆　卅人余

（31ウ）

右　客人分云々、両人

刑部卿（下間頼廉）

恕堅」

（32オ）

十日、辛酉、雨降、

東九条亭において大般若経を転読せしむ

此日大般若経転読、東寺僧衆七人、光明院（堯円）僧正導師・妙観院・観智院・普賢院・宝厳院（空雄）・金剛珠院・宮内卿（観智院弟子）、

杉原紙　金

右光明院とのへハ杉原十帖・金壱部（分）壱也、残六人衆壱部壱つゝ也、

此日禅閤御所、御二御所（准如光昭・良如光円）さま同御家中へ、御振舞進之候、」

瑞竜寺殿来儀也、御供衆妙蓮・妙月・春清等也、長右衛門又侍一人等、下々此外也、

二条殿光儀、入夜新三位来也、

春日祭雨天

昨日申日春日祭、上卿日野大納言資勝卿、雨天笑止也云々、

(32ウ)

十一日、壬戌、

東寺衆二条家にて大般若経を転読す

此日昨日被参七人東寺衆、於二条家門」大般若転読有之、

(33オ)

一、大工讃岐壱人来、今度風呂跡屋敷小屋の談合ノ次、終日遣申也、

一、未刻計瑞竜寺殿へ祢々姫君御出候也、

一、五左衛門申刻従東九条来、

一、重左衛門酉刻自在所来、

十二日、癸亥、」

廊下畳を京町人に運ばせしむ

（33ウ）此日女御様ヨリ廊下たゝみ申候のを二間に九間の壱つ并壱間に四間のふたつ、合廊下参つ分、京町人に持せ候て、六十人計程にて、辰刻頭ヨリ申刻計迄、右道具はこひ申候也、

瑞竜寺にて振舞あり

此日瑞竜寺殿にて有御振舞、午刻頭若政所殿・御方御所・千代鶴殿等、但祢々姫君者、自昨夜被参候也、」

（34オ）余未刻末時分、瑞竜寺殿へ参着申候也、入夜令帰宅了、余参候へハ、其儘二条殿御出候也、

酒餅

大工讃岐来、柱つむ見合仕候也、

一、餅百五十并酒壱斗者

右人足ともに振舞申候也、

今日人足従禁中、」

材木部屋の下地を造作す

（34ウ）十三日、甲子、

大工讃岐来、材木へや下地仕候、

一、銀子弐十六匁弐分　下男円明寺久七へ渡、

右フキ板拾八束、日庸〔傭〕両人弐匁也、但未刻計ヨリ俄にやとい申候へとも、如此者也、」

煎茶

（35オ）昨日十二日夜、瑞殿より罷帰候て、洗〔煎〕茶二服飲候也、

今日五左衛門二三日暇乞遣了、

今夕在所へ重左衛門小者遣之候て、明朝東九条百性〔姓〕殿具少々取寄申候也、

此日甲子東御門主光従〔宣如〕有気入、有振舞者也云々、」

（35ウ）十四日、乙丑、

材木部屋の屋根をあつらう

此日辰巳方今度廊下材木部屋やね仕立候也、又小者ともてつたい左介仕候也、

諸白
鱧
昆布

一、諸白壱樽・はむ・昆布　瑞竜寺殿より

吉田兼秀参りて宗源神道を勤行す
銀子
杉原紙

一、吉田〔兼秀〕来儀、宗源神道勤行也、

銀子弐枚并杉原二十帖　吉田殿へ

銭弐百疋者　禰宜中へ」

（36オ）右勤行之時、九人とやらん、禰宜着座申候也云々、

一、御供五膳進候、

膳

一、供物有之、右外也、

一、膳　禅閤御所さまへ進献了、

同　二条殿

同　北政所殿

同　左衛門督」

同　侍中へ

五左衛門二三日間と申、暇乞申候也、

(36ウ)

慈性等良恕入道親王より灌頂を受く

十五日、丙寅、

此日青蓮院御門主(尊純法親王)於此御寺有灌(クワン)(灌)頂、受者両人、尊性院(慈性)権僧正・蓮光院等也、

授者曼殊院御門跡(良恕入道親王)也、

(37オ)

今日参会衆、妙門(堯然入道親王)・竹門(良恕入道親王)・八宮(良純入道親王)・」二条殿、但妙門主ハ、為早出者也、

入夜有振舞者也、七五三也、陪膳有之、受者振舞也云々、

作州(山本慶泰)・壱岐守(矢野秀政)両人今日ケコノ役者也、御やとい候也、

十六日、丁卯、

樽 蒟蒻 蜜柑 柿 千代鶴竜眠庵へ入寺す

竜眠庵長老（剛外令柔）・同弟子来、

両樽・（コンニャク）・密柑・柿等持参也、」

一、今夕千代鶴殿竜眠庵へ入寺也、作州遣之、次右衛門ハ在所へ二三日間暇乞参候也、

（37ウ）

青銅

一、稲掃部来、唐人上洛見物之事也、御使者也云々、

青銅参貫文者、但一条勝右衛門（野々口立圃）手前ヨリ喜之介取次、但十四日ミの（に）吉田祢宜九人中へ弐貫遣之、此内也、此分計かけ也、先日のハ銀子相済候也、」

（38オ）

白鷺

十六日ミ（七）、戊辰、午刻迄自夜前雨降了、

白鷺五羽者

勅使堀川中将（康胤）して拝領也、

忠象南昌院へ赴く

一、未刻大納言（九条道房）忠象卿南昌院へ御越、騎馬河原毛也、

一、馬・大豆代

銀子 板銀

銀子参十目五分、板壱つ　左介へわたし候、

右拾匁同大豆のかけ候て、右之内引卒也、」

白鷺五羽　　本御門主御児御所へ

右今夕以式部為使者、此次様躰相尋候へと申渡候、但内証也、

（38ウ）

一、今日五左衛門呼遣候へハ、相病敷由令報答了、

十八日、己巳、今朝巳午頭迄歟、雪降、当年如形降事始也、

密柑五六十計、但百歟、　光西堂（舜岳玄光）持参、

康道参る

一、二条殿光儀、但今度中宮外弁如何之事也、」

（39オ）

一、三宝院（義演）御門主ヨリ貴札有之、同随御門主へも有尊書、御音信一籠有之、余報答云、一両日已前東九条亭へ御越候間、明日相届返事、従是可被申之由申了、

一、御霊御供　　采女持参申候也、

美濃紙

右内儀へ同前、自内義美濃紙弐束被遣之、余不遣之、」

高麗人上洛

（39ウ）

一、今日高ライ人上洛也云々、

一、板倉（重宗）への事、此日板周防所（板倉重宗）へ可参之由以庄五郎案内申候へハ、右上洛ニ付紫野迄参候、四五日者此義ニ隙入候間、御用御座候者、其已後可祗候之由也云々、

一、御方御所へ銭五百文者　　藤十郎へ渡之云々、

右小少将へ申来、則渡之了、
右先日一条(野々口立圃)ひな屋参貫之内也、」

(40オ)
十九日、庚午、

打鳥子紙
打鳥子五十枚　　観智院より

打美濃紙
江戸紙
右之外先日同鳥子五十、合百枚也、打ミのかミ但江戸紙六帖分来也、

増孝高倉煕子を見舞う
一、今日随御門主自東九条大政所殿為御見舞御出候、則今夕還御也、

一、二条殿光儀、

一、(壬生孝亮)官務参候也、」

(40ウ)
玉葉建久二年夏一冊を康道に貸す
一、玉葉建久二年夏壱冊者
　右二条殿へ今夜かし申候也、

白洗小袖
一、白洗小袖壱つ者　大政所殿へ進候、
　墨付百六丁有之、

一、今夕并昨夜等大政所殿見舞也、

春日鎮守御供
一、春日御供之事、来廿二日癸酉、春日鎮守御供之事、

右大政所殿ヨリ可被進献旨也、為覚記之、」

（41オ）
廿日、辛未、
気付薬之事、
気付薬の作様
気ツケ薬之事、白米ヲ小寒・大寒三十日間毎日改水、常住水ニ入テ置テ、粉にして
手ヲイノ気付ニ用之也云々、
右禅閤兼孝公仰云、先年笠木ト云モノ語云、秀吉（豊臣）大閤御所御代目代徳善院（前田玄以）所ニテ如
此モノニ気付薬」右ノヲ飲之、本腹（復）申礼義取申候趣、言上申也云々、

（41ウ）
大工四郎兵初参之事、
行灯修理
一、大工四郎兵（マヽ）衛来、当年しこと始歟、禅さま御用に呼寄申候也、大政所殿御座敷
有明のあんと今朝より仕候、
鼇等具新調
一、弐匁五分者　　　レイテング新調清四郎取次也、
廿一日、壬申、
（42オ）
一、大工両人来、讃岐幷四郎兵衛等也、」表殿へ南巽方庇柱・たるき・屋ね下地・
杉けたけつり申候也、
大高檀紙
一、一折、大高也、　　　女院御所様より
風呂を焚く
一、今日風呂たかせ申候、瑞竜寺殿呼申、夕御膳振舞申候也、

銀子

一、銀子参十目者　瑞竜寺殿より
右左衛門大夫息より銀子参貫被進之候、御すそ分也云々、」

高倉熙子を見舞う

一、今夜大政所殿為御見舞、若政所殿令同道者也、

（42ウ）

一、今朝吉田ノ采女方へ淡州申付、明朝御供五膳之事申遣了、畏存候旨令報答也云々、

増孝高倉熙子見舞に来臨す

廿二日、癸酉、
此日自東九条亭随御門主光儀、大政所殿為御見舞御立寄也、」

料理の間造作

一、大工両人来、昨日同人等也、リヤウリノ間、大工遣用也、

（43オ）

廿三日、甲戌、

一、大工両人又来、

樋口信孝移徙につき馬を貸す

一、樋口町屋之事、此日樋口少将信孝町屋求候て移徙也云々、仍余馬かり被申候間、申付遣了、

一、堀川来儀也、」

江戸小大夫局上洛

（43ウ）

此日江戸小大夫上洛也、置〔直〕ニ女御御殿へ着被申候也云々、

一、江戸小大夫の便宜に銀子来事、

鷹司孝子より銀子を贈らる

銀子弐十枚者　　余かたへ
右若将軍様(徳川家光)のかミさま(鷹司孝子、徳川家光室)より

壱部五切者　　同御乳人より
御わたまし去三日御祝言有之」由、御乳人より有書札者也、

(44オ)

銀子参枚者　　江戸さまかミさまより左衛門督へ
同　　同御つほねへ
壱部弐つ者　　同御乳人ヨリ左衛門督
同　　同人ヨリつほねへ
又同所より

薄小袖　練

鷹司孝子を上様と呼称す

薄小袖壱つ・ねり同壱つ幷銀子拾枚者　　若政所殿へ」
去三日御わたましより、御(鷹司孝子)まんさまをかミさまと申由御乳人文有之、

(44ウ)

秀忠御台よりの賜物

廿四日、乙亥、雪降、
此日小大夫来儀也、
江戸御台様(崇源院、徳川秀忠室)より

緞子 一、鈍子五巻

生鶴 一、生鶴壱羽　　御鷹の鳥也云々、」

同所より

縮緬 一、鈍子参巻者　　禅閤様へ

一、ちりめん参巻者　　大政所さまへ

同より　　若政所殿へ

（45オ）

綸子 一、小袖四つ薄弐つ、こうす・りんすの同こと也、

越前綿 一、越前綿弐十把

熨斗 一、のし弐十は

又同所より」

一、銀子五枚幷越前綿拾把者　　つほねへ

（45ウ）

一、同参枚者　　左衛門督へ

又

一、鈍子拾巻者　　子息三人中へ

一、ちりめん五巻者　祢々姫君へ

一、同前　東七条姫君へ（成等院、宣如光従室）

右京大夫巳刻来、及晩帰候也、掃部為御使者来也、」

一、大工両人来、讃岐幷四郎兵衛也、

一、小大夫令同道大閤御所へ房参候也、（46オ）

吉良侍従（義弥）殿より

一、杉原弐束計歟、二帖つゝ程十也、　杉原紙

一、手習巻

右西行筆、東御門主へ返し候、以掃部進之候、　西行書跡を宣如に返進す

一、今夜雪、詠歌二三両（マヽ）不及記之候、　詠歌

小大夫とのより」

壱部（46ウ）

生鯛参つ給候也、　生鯛

廿五日、丙子、天晴、朝間雪飛了、

一、大工壱人四郎兵衛来也、

一、此日東御門主へ千代御呼候也云々、千代御乳并小少将等御門主へ参候也、

増孝高倉熙子見舞のため来臨す

一、随御門主上洛也、大政所殿為御見舞也、

一、今夜新座敷内義方振舞候也、」(47オ)

料理鍋

一、りやうりなべ五つかい申候、

五徳

一、ことく壱つ、同前、

金輪

一、かなわふたつかい申候、

火箸

一、ひはし五せんかい申候也、

廿六日、丁丑、

織筋綾縞

小袖弐つ者　　おり筋あや島等也、

右板倉周防守所へ参進物也、

板倉重宗に隠居屋敷の事を申し入る 屋敷指図を書かしむ

此次家之事、又屋敷の事」(47ウ)望申候、手前インノ居屋敷之事なと申候へハ、尤之由

報答也、則今の屋敷東西南北等書付候て、相渡候也、今朝座敷にて則淡路守に

かゝせ候、東ハ寺町、南ハ高台寺殿家中屋敷、大かた堀なとのよし言談申候、

又今ノ禅閤御所の」御屋敷西東弐十間、南北者四十間と書付候也、

余屋敷者、東西五十間、南北四十間と書付申させ候也、

（48オ）

一、今朝大工泉和（マヽ）座敷に居申候也、又退出刻八条殿の左衛門尉庭迄罷出申候也、

一、のし拾はゝ、伊勢上人（慶光院周清）ヨリ使者也、」

（48ウ）

右上人弟子上洛也云々、

一、あをのり　少　　同人進物

一、密柑壱籠　　　　上人の弟子より

大工両人来、讃岐幷四郎兵衛也、

一、日庸両人壱匁六分、但八分つゝ也、

右今日板周防守所へ迄の手也云々、

一、五十四匁者　　　　銭参貫先日のかけ

右一条ひな屋まんへ日かけ渡之、」

（49オ）

一斎（水無瀬親具）来儀也、夕食振舞候也、

廿七日、戊寅、天晴、

伊勢上人の使者上洛

青海苔

蜜柑

樋口信孝九条亭を禁裏御番のための宿所とす

井の桶

諸白

大工両人昨日同人来、
一、樋口少将来儀、今朝振舞申候也、
一、同人御番一六也云々、私宅禁中へ程遠間、御番度ことに被参へ(候脱カ)と令契約了、
一、日庸参人遣申候也、」
一、井の桶入申候也、
(49ウ)
一、伊勢若上人来、有配酌事、
一、女御さまへ明日役義として習礼に因幡守(信濃小路為重)祗候申候也、
一、諸大夫両人御やとい有度由、権中納言方より申来間、作州自竜眠庵呼寄候也、
今夕来、
(50オ)
一、今朝南都へ下男一人諸白取遣、此銀子」令都合畢、
一、此日内義殿北縁下通かへくつれ候間、則間半程分板打付させ候也、
一、明朝於竜眠庵学文所僧衆振舞有度由申来、可申付由申了、
一、御方御所学文所近日振舞有度旨申来、心得候由令報答了、
廿八日、己卯、天晴、」

茶湯炭
杉原紙
半袴
肩衣

一、茶湯炭

（50ウ）

一、杉原十帖・半袴・肩衣（此代六匁也云々、御房より、ひな屋の也、）有馬右兵衛右兵衛へ遣之、

右清四郎奏者也、

大工両人来也、

徳川和子立后の儀

此日中宮成也、立后之儀也、

諸大夫両人因幡守幷美作守等、役儀罷出申候也、

南部より諸白樽の調来

（51オ）

申酉刻計南都ヨリ諸白樽」三十郎調来日記写

新酒

一、新酒合七斗九升五合也、此内弐斗ハみそれなり、但八樽詰也、

右之代銀子四十七匁七分也、但一斗ニ付六匁つゝ、

又八匁者樽代、又八分者ならヨリ木津へのたちん、

又五匁五分者、銭参百文代也、三十郎へ渡之、

又壱匁三分者、先度之過上仕候に引取申候也、

物合銀子六拾三匁三分也、

銀子都合七十壱匁弐分請取申候也、」

さし引残て、銀子七匁九分者、キ六やニあつかり申候也、
右如件、七匁九分者、酒屋ニ預置者也云々、
右南都酒屋書付式部へ預候也、

(51ウ)

一、豊前弟子笛ふき彦三来、
右有馬右兵衛と一度謁之了、

生鯛

一、生鯛壱つ者　　右京大夫より
右内義へも同前、則内義へ進之、」

祢々姫等立后の儀式を見物す

(52オ)

一、立后之儀式、為見物祢々姫君御出候、少々女房達供申候也、
右侍式部・庄五郎両人供也、

一、今日五左衛門罷出候、此中所労故、不罷出也、十日計歟、

一、此日両人大工とも廊下の戸はた板なと仕候、終日也、

(52ウ)

昨日法性院殿禅閤御所へ光儀、」大政所殿為御見舞者也云々、

一、じやうからくみ三くさり当座かい、
右式部手前より取に遣之、

増孝東九条亭にて徳川和子の寒中祈禱を修す

一、寒中御祈禱女御さま之事、
此日より女御さま寒中御祈禱、於在所東九条亭随御門主修法相始也云々、但毎年之儀也云々、

（53オ）

一、主水自円明寺参候て、百性中申旨令言上者也、」

一、内儀下男三人つゝ、時々やとい候て普請遣申候也、

廿九日、庚辰、天晴、

生鯛

生鯛五つ者　本願寺殿蔵人使者

（〇四行分余白）」

（53ウ）

（〇半丁白紙）」

〔十二月〕

（54オ）

寛永元年極月小

朔日、辛巳、天晴、

生鯛

生鯛五つ者　東御門主（宣如光従）へ

右以因州(信濃小路為重)使札進之候也、

一、畳さし壱人来、　　畳さし

一、大工讃岐来、

一、同四郎兵衛者　禅(九条兼孝)さまへ参候歟、

一、諸白壱荷　二条殿(康道)に宮さま(貞子内親王、二条康道室)とへ」　　諸白

今夜参候也、但宮さまには依御不例内義(豊臣完子)不参也、　（54ウ）

一、今夕酉刻極﨟(壬生忠利)来也、

一、随御門主(増孝)光儀也、

一、中宮(徳川和子)さまへ　杉原五十帖・しゆちん弐巻　　立中宮の祝儀　進物　杉原紙　繻珍　薄帯

一、女一宮(興子内親王)さまへ　同弐十帖・薄帯弐筋

一、壱部弐切者　権中納言とのへ

一、同壱切者　兵部卿殿へ」　（55オ）

一、同弐切者　弓気多摂州(昌吉)へ

一、同弐切者　小大夫とのへ

一、同壱切者　　大橋越後(親勝)へ

右中宮成之時、表祝旨也、

緞子

一、中宮さまへ　　杉原二十帖・鈍子弐巻

右御方(九条道房)御所より進物也、内儀ヨリ被進調者也、

二日、壬午、　大工同人壱人来、」

所望により短尺色紙を書く

(55ウ)

今夕水無中将(水無瀬兼俊)来儀、入夜被帰了、今夜振舞申候也、堀同道(堀河康胤)也、

一、短尺弐枚并色紙壱枚書之、依所望也、

一、同五枚、因州取次書之、

一、同壱枚、勘左衛門へ渡之、

一、ナサケアル人ニトハレテマタシラヌ道踏迷ふ大和ことのは、□字久中へ遣之、

依所望也、」

立中宮祝儀のため諸家参集す

(56オ)

三日、癸未、天晴、未刻計少陰又晴、

此日中宮様へ諸家参集也、関白殿(近衛信尋)・一条右府公(昭良)・八条殿(智仁親王)・伏見殿(貞清親王)・大閤信房公(鷹司)・同大将殿(鷹司教平)・余等也、此外諸家大略被参也、但清花両前右府(西園寺実益・花山院定煕)不参也、但此已前祗候歟、

(56ウ)

はやし七番、ワキ(脇)・バシヤウ(芭蕉)・源氏供養此源氏供養ハ渋屋〔谷〕紀伊守(与兵衛以重)舞候、・三輪・山姥・天鞁〔鼓〕・」伯楽天等

也、

一、権中納言殿より以堀中将(堀河康胤)為使者被申云、各へ御酌仕候て、取持候へとの事処、

此旨申候て、指出たるやうに御座候へ共、如此候とて御酌申、各へ進酒候也、

沈酔也、

沈酔

(57オ)

一、今日自江戸朝山兵部(吉信)令上洛、

朝山吉信江戸より帰洛す

銀子十枚　若将軍様(徳川家光)より拝領、」

江戸よりの賜物
銀子
小袖

御小袖　大御所さま(徳川秀忠)より

弐重者

銀子参枚者　御台様(崇源院、徳川秀忠室)より

御小袖壱重者　かミさまより(鷹司孝子、徳川家光室)

小判壱両者幷米五斗者　藤堂泉和守(高虎)(マヽ)より

小判

銀子壱枚者　南光坊(天海)より

銭弐貫文者　新門主(公海)より

銭

此外御樽とも御台様ヨリモ又かミさまよりも令拝領者也云々、」

(57ウ)　　壱部弐つ者　　　　　　　かミさまの御乳人ヨリ

(〇六行分余白)

今日大工壱人同人来、」

(58オ)　四日、甲申、天晴、

一、大閤御所ヘ参候て、二時計令言談了、

一、此日江戸ヨリトテ、祢々姫君祝言来春迄延引可有之由、仰書有之、子細有之、

江戸より祢々姫祝言を来春とする仰書あり

大工壱人来、

五日、乙酉、天晴、

大工壱人来、」

(58ウ)　一、小大夫来儀、

一、壱部壱つ内義ヨリ返弁也、但先日中宮成之時、御かり候の也、但先度小判壱つ権中納言殿へのハ房にかし申候のハ、いまた不返弁也、

内儀より金一分返済

一、今夜廊下座敷ヘ政所殿(豊臣完子)光儀、先有之、座敷形申付候已後初参也、房此外女房達少々供也、」

一、今日小大夫へ、祢々姫君祝言之儀年内と所存候、其故ハ本御門主(准如光昭)今度御児御所(良如光円)御方殿に御情入御急候処、其上御門主御病者候間、少も祝言御急有度之由、此二三日已前蔵人使者来言談申候間、旁以年内にとの所存候間、江戸にて自然者祝言年内にも罷成候事も候ハんまゝ、此旨」御取成頼申候由申候へハ、定而御台様も常式の事と思食候て、来春と御意被成候ものにて候ハんまゝ、年内に御祝言御座候ても、御腹立被成候事ハ御座有間敷候と被申候也、

祢々姫祝言を年内に行なう事の可否を小大夫局に尋ぬ　准如病の為年内を所望す　(59オ)

年内の祝言は秀忠御台の意趣に違わず　(59ウ)

六日、丙戌、

大工讃岐来、

午刻瑞竜寺殿(日秀)光儀也、」

一、銀子六匁九分五リン者　　　蜜柑五百余かい申候、

右今日西御門主(准如光昭)への肴物之内也、当座かい也、

銀子　蜜柑　(60オ)

今暁最吉兆霊夢有之、

吉兆霊夢あり

午刻計出門して、本願寺御門主御児御所普請見舞申候也、持せ之事、諸白壱荷・白鳥壱羽、密柑五百也、入夜令帰宅了、有振舞者也、」

西本願寺の普請を見舞う　諸白　白鳥　蜜柑

（徳川和子よりの賜物覚）

中宮様ヨリ

（銀子）
銀子百枚者　　若政所殿へ（豊臣完子）

（小袖 唐織縞 南都縞 袱紗）
同五十枚者幷小袖五つ からおりしま なんとしま ふくさ三

右二色者余かたへ

同弐十枚者　　禅閤御所さまへ

（綿）
綿参十把幷小袖参つ者　　大北政所殿へ（高倉熙子、九条兼孝室）

銀子弐十枚者　　御方御所へ

右今日小宰殿為御使者、」　　（60ウ）

（杉原紙）
一、壱部壱切者　　余かたへ小宰相私

一、禅閤御所ヨリ（杉原一束歟）銀子壱枚者　　小宰相とのへ

右御使者故被遣之云々、　　（61オ）

七日、丁亥、

（杉原紙 銀子）
杉原十帖此杉原者所持申候の也、・銀子壱枚者

右中宮様御使者小宰相とのへ

随御門主御出京也、今夜御逗留也、

一、大工讃岐来、但朝間計也、」

（〇二行分余白）

（61ウ）

八日、戊子、

辰刻計、本願寺御門主光儀、其儀中宮様ヘ御礼趣有之故也、但今朝東御門主御礼相済申候故、未刻計自余殿中先御帰寺也、重而御礼可罷出旨也云々、」

（62オ）

式部為使者、本願寺御門主ヘ進候也、

一、諸門跡方御礼今日有之、但東御門主御礼已後也、

一、酉刻計、東御門主光儀也、

九日、己丑、

諸白　杉原紙

諸白壱荷者二種也、

日野大納言息（資勝）
東山僧正（慈性）

一、先日去十五日月灌頂之時、杉原参東、令音信返報也、中置被帰候也云々、」

（62ウ）

一、本願寺殿より蔵人使者、昨日ノ一礼也、

昨日本御門主より

奉書紙
奉書三十帖

蠟燭
らうそく百挺
又同所より政所殿へ

諸白塩雁昆布
諸白壱荷・しほ雁三つ・昆布也、
又今日九日同所より
禅閣さまへ

諸白生鯛
諸白壱荷・生鯛参つ・昆布歟、」

鷹司信房同室等高倉熙子を見舞う
今夜大閤御所幷芳（ハウセウ）院殿（芳招院、二条昭実室）・新三位等大政所殿為御見舞、先是余参若政所殿等也、（63オ）

買物覚
をゝかい申覚

一、大たかのふたつ皆紅代拾匁幷半紅八匁也、
一、鷹（ハイ）皆紅六匁、又半紅四匁つゝ合卅二匁也、
右今日当座かい也、今朝弐百卅二匁清四郎へわたし申候内、如此者也、
当座に皆済渡之、」

玄召来儀

（63ウ）

一、南昌院召長老（棠陰玄召）申刻頭来儀也、今夜一宿逗留也、
夜半過自禅閤御所罷帰候、此後暫召長老と令言談、此人当時住持也云々、

一、観智院（亮盛）来儀、

一、今夜有配酌事、

（〇一行分余白）」

（64オ）

霊夢

十日、庚寅、

今日霊夢云、

月ハたゝことはの花の光哉

初ハ月雪とシタルヲ、或人ノナヲシ被申候て、月ハたゝトシテ、此たゝの字余名字ノ忠ノ字也、栄ノ字ノ心ハ花ノ光ト云事、此字ニ用心可有之乎ト思ひ候也、」

（64ウ）

小判

一、小判壱両つゝ両親へ　妙玄院殿（教如光寿室、宣如光従母）より

一、同壱両者　同以左衛門督余ニ給候、

木綿
妙玄院等高倉熙子を見舞う

一、もんめん拾たん者　妙玄院殿より
右巳刻計ヨリ姫君御同道候て、大政所殿為御見舞御出候次也、

御伽衆

右禅閤御所へ御とき衆へとて被進之云々、

諸人高倉熙子を見舞う

（65オ）

一、観智院今朝ヨリ来儀、昨夜者一斎（水無瀬親具）所かたに被一宿歟、」

一、柔長老（剛外令柔）為見舞来儀、謁之、

一、堀川（康胤）并樋口（信孝）等大政所殿為御見舞、催涙者也云々、

一、官務（壬生孝亮）来、同為御見舞也、

一、藤右衛門（高倉永慶）佐来儀、余謁之、

一、今朝松禅院（慶俊）法印来、若政所殿為帯加持者也、余謁之、

南都諸白

（65ウ）

一、今夜自南都諸白樽十六、二駄分来也、」但昨日取に遣候、清四郎知人の所へ也、

十一日、辛卯、

粗悪につき諸白を返却し三十郎を叱責す

昨日参候諸白八樽返し申候、其儀もとよりの酒や悪故也、三十郎しかり申候也、

高倉熙子違例増気

昨日より大政所殿御気色以外也、千代（松殿道昭）帰宅、巳刻、

二条殿御産

（66オ）

大納言（九条道房）忠象卿午刻計光儀、」

此日於二条殿御産、為御祈禱大般若経転読、松禅院法印此外山僧六人施物、

銀子

一、銀子壱枚者此銀子余出候也、　　松禅院へ

銭

一、銭参貫文者　　　六人僧衆へ

右銭者、若政所殿より被遣之、

此日振舞余申付、於二条殿御家中悉上下有配酌事、」

二条殿客衆の交名

(66ウ)

今日二条殿客衆

中御門大納言資胤卿

権佐殿

極﨟

官務

学西堂

山僧七人

と山殿　　　チン首座等也、」

高倉熙子増気のため絵師に寿影を命ず　鷹司信房高倉熙子を見舞う

(67オ)

十二日、壬辰、

大北政所殿以外為御様躰、仍絵師今夜召寄、寿エイ申付候也、

一、大閤御所大政所殿為御見舞渡御也、

一、今宵竜眠庵柔長老并南昌院召長老等呼寄候て、院号之事、東陽院・独園院・香徳院如此勘之、東陽院相定候也、」

院号を東陽院に定む

高倉熙子死去

今夜丑歟寅歟、両刻之内大北政所殿死去也、丑刻也云々、然者今日罷成候也、寅にて候へハ、明日十三日為御命日者也、八時丑也云々、老父（九条兼孝）仰也、

(67ウ)

十三日、癸巳、

禅閤御所において焼香す

禅閤御所にて東陽院殿（高倉熙子）焼香仕候也、」

二条殿若君誕生す

(68オ)

今暁寅刻二条殿御内儀（貞子内親王）若公（二条光平）誕生有之由申来也、

十四日、甲午、

今夜南昌院長老并弟子来、此夜ぬすみ出申故、長老役者（カイシ）、仍為逗留者也、

高倉熙子火葬

丑刻計東陽院殿火葬也、老父随御門主と令同道参候て、」十五日寅刻計帰申候也、

(68ウ)

十五日、乙未、

今暁火葬催已後先令焼香者也、

縹帽子

老父并余并随御門主等也、但花ノ忍躰（バウシ）也、

長老西堂悉被罷出候者也、

（69オ）

秀忠より祢々姫へ夜物等を送らる

一、祢々姫君ヘ江戸大御所様ヨリ夜物」三重幷銀子千枚可被進之由、唯今申来候、頓而致祗候可申旨、板倉周防守(重宗)殿ヨリ使札有之、過当之由令報答者也、

杉原紙袴肩衣

一、杉原十帖・袴肩衣右使者遣之、

右但内儀ヨリ也、

（69ウ）

小大夫局江戸下向の駄賃

一、銀子壱枚者　小大夫殿ヘ

右小大夫殿明日江戸ヘ罷返候て、」暇乞ニ被参候也、踏合悪故書院北縁迄小大夫殿呼候て、若政所殿被謂之者也、

右次余謂之、右銀子壱枚、小大夫とのヘ今度千枚表祝旨之由申、自遣之了、此年今度兵部大輔江戸下候て、遣残之内先銀子弐枚上候内也、」此外百目

（70オ）

計兵部手前有之者也、

十六日、丙申、

宣如より香典銭を送らる

一、銭参拾貫者　東御門主より

右東陽院殿御香典也、左近為御使者、

大樽

一、大樽壱荷者　　妙玄院殿御持せ也、

一、銭弐百疋者　　あふミ殿より

一、（アキマヽ）　　宝厳院（空雄）より持参也、」

夏切壺

一、夏切壺壱つ　　妙厳院殿より

（70ウ）

右尾崎ト書付家に有之、

持仏堂の棚を調う

此日申日也、仍持仏堂棚調申候也、

此代兵部江戸道遣残銀子上候内にて遣之、五左衛門かいに遣候也、代銀子四十五匁也云々、

一、銭壱貫文者　　因州へ渡之、

右中陰間、東福寺にて遣用に相渡也、」但宿坊南昌院也、但今日皆不参、依少用也、

（71オ）

宝厳院に香典を返進す

一、銭百疋者

右禅閤様へ宝厳院持参也、雖然御香典法度故、以兵部返し申候也、兵部以母義兵部へ渡候へと申渡候也、

東福寺に於て高倉熙子中陰を修す

(71ウ)

此日東陽院殿中陰、於東福寺相始也、」雖然東陽院殿従三位出入ニ付東福寺へ不参也、

仍随御門主へ以便宜御言伝申云、中陰中東福寺へ焼香御沙汰候様ニと申進候、今夕観智院東福寺へ被参候とて候まゝ、御言伝申候也、

一、銀子壱枚者　　禅閤様へ妙玄院殿御持せ」

東福寺方丈へ焼香に参る

(72オ)

十七日、丁酉、

此日東福寺方丈へ為焼香参候、有子細禅閤御所無渡御、但東陽院殿従三位之事也、出入有之、不相調者也、此夜大閤御所渡御也、禅さま渡御也、

姉姫等東福寺へ焼香に参る

(72ウ)

十八日、戊戌、

此日東御門主の御内義并妙玄院殿東福寺へ為御焼香被参候也、」

銭五百疋　　姫君より

同前　　妙玄院殿より

此日東福寺方丈へ参詣申、参会申候也、但御門主者、無御焼香者也、仍無御出候也、但昨日法花経方丈へ御送り候也、治部卿為御使者也、

十九日、己亥、」

（73オ）此日西御門主より東陽院殿ヘ御送経、東福寺方丈ヘ可被進由也云々、式部言上也、

准如より高倉熙子へ経を送らる

昨今内儀のス、無き也、

東大寺僧衆礼者之事

南都樽

南都樽壱荷　返礼ヒキ壱束幷壱分判壱切也、　清凉院

同前　返礼同上　金勝院

同前　同　上生院」

（73ウ）同　同　四聖坊

吉野紙

吉野紙拾束者　返報ひき三束扇箱　地蔵院

蜜柑

櫁柑一折百五十計　返報ひき弐束　薬師院

同前　同前返報也、　正法院

右薬師院ハ不参也、但随御門主有御用故也云々、

高倉熙子の寿影出来

一、東陽院殿寿影出来、最勝院殿御乳持参也、

右御乳親父絵ヲ書申候故也、二ふく也、此内御寺へ、」

風呂

中陰の日次

（74オ）

此日有風呂、瑞竜寺殿来儀也、

今度中陰一七ヶ日有之、去十六日ヨリ也、

十六日ヨリ朝ト昼ト晩トノ勤也云々、

十七・十八日同前、

十九日、朝食以前、　施餓鬼

廿日、巳刻ヨリ始ル、　懺法

廿一日、朝食以前、　頓写」

（74ウ）

廿二日辰刻、　半富

同未刻、　御葬礼

召長老自筆写

廿日、庚子、天晴、

辰刻計出門、政所殿幷御方御所・千代鶴殿等同道申候也、

供衆

（75オ）

左衛門督・御つほね・御乳人（御方御所）・同」（千代殿）・きい

禅閤さま衆

たね・いや・ます・はる・まん・御幸町御乳人、以上六人

一、今日日庸〔傭〕数合、

一、此日西御門主より蔵人御使者、

准如より二条殿若君誕生の祝儀を送らる

銭参貫文者　太刀折紙　二条殿御誕生の祝義

同拾貫文
布六十端者　此二色者、仮合御用ニ御遣候様にとの義也、」

先日銭拾貫都合弐十貫也、

此外祝義の参貫者、各別之儀也、

（75ウ）

香典目録

今日香典

銀子参枚者　政所殿より

同壱枚者　御方御所より

銭弐百疋者　千代鶴殿より

同百疋者　左衛門督より

同前　　　　　　　　御つほねより」

同百疋者　　　　　　御きいより

同参百文者　　　　　御方御所の 御乳人

同前　　　　　　　　千代鶴殿 御ちの人

（76オ）

右如件、

壱分壱つ者　　　　　一斎より

一、銀子弐枚并法花経　　　瑞竜寺殿より

右長右衛門御使者也、

一、東陽院殿 銀子弐十四匁三分者　　長櫃壱つにない壱荷代」

（76ウ）

右東陽院殿明後日葬礼之時、持せ候の也、大工讃岐へ今日渡候也、右之内三分渡過、但二分也云々、三分ト書付候へ共、弐分せもしと候也、然者一分渡過候也、

廿一日、辛丑、天晴、

（77オ）東福寺に於て頓写を催す

卯刻東福寺方丈へ参着、辰刻計頓写相済、法事」聴聞時巳下有之、此後於方丈長老

西堂已下少々呼出、有配酌事、

常楽庵石堂屋敷を見物す

此後常楽庵石堂屋敷見に参候也、来春北方へひろけ可申付由　瑺(玉峰光瑺)(タツス)西堂へ申合畢、

（77ウ）

此次南昌院へ参候、暫休息之」後有振舞、令帰宅了、

葬礼のため東福寺に参る

廿二日、壬寅、朝間曇、暫微雨、其儘晴、但曇、

辰刻東福寺へ参候とて各出門、西御門主宿坊為南昌院、仍為見舞参会、有配酌事、

午刻葬礼相始、此供随御門主・西御門主等也、引導始時天晴日光明也、

フギン(アキマ、)

」

（78オ）

（○半丁白紙）」

（78ウ）

高倉熙子を従三位に叙す勅許あり

一、東陽院殿従三位之事、今朝勅許之由自頭中将季俊(正親町)朝臣東福寺へ有使者也、

貞子内親王より香典

一、明日為謝礼使者遣、此次日付去十日と可申遣候也、

五宮(貞子内親王)さまより

一、五百疋　　香典也、

右作州(山本慶泰)預置也云々、」

（79オ）

一、西御門主へ　今日焼香御出候為謝礼、兵部進候也、

善の綱

一、東御門主へ　為謝礼因州進候也、

右今日せんノツナ　供并輿そへ（ガンノ）など被仰付候一礼也、又妙玄院殿并姫君等

御名代乗物長柄五ちやう・つりこし五ちやう、東御門主より出候也、」

（79ウ）

一、随御門主葬御供也、

一、次西御門主等葬場為御焼香也、但先是東福寺衆焼香有之、

一、板倉周防守ヨリ申付、

雑色両人頭也、

やりもち廿人也、

右先日申遣候故也、

（〇一行分余白）」

（80オ）

一、今夜禅閤御所光儀也、

一、今夕大閤御所并右大将殿（鷹司教平）へ為謝礼、五左衛門進候也、

中陰の間堀河康胤東福寺に結番す

一、今度中陰間、東福寺ニ堀川中将康胤被相詰候也、一▨七ヶ日也、

裏頭にて見物

一、今日葬場へ大閤御所并二条殿并大納言忠象卿・千代鶴殿等クワトウニテ為御見

物者也、」

(80ウ)

一、昌(里村)琢幷玄陣(陳)(里村)、此葬礼罷出見物仕内見申候也、

一、カナモリ宗右衛門、東福寺へ罷出内見仕候也、

墨染衣を新調す

一、衣墨染弐つ新調也、
右一条の(野々口立圃)ひなや庄右衛門肝煎也、

(81オ)

一、今日同庄右衛門・寺町伝右衛門供罷出也、道弐モ東福寺へ参候歟、」

一、隣寺町人悉供として罷出候也、

一、小少将兄モ東福寺へ罷出候也云々、

一、出入申町人少々罷出候也云々、

高倉熙子の形見分けを談合す
薄小袖
緋縮緬

廿三日、癸卯、

此日随御門主従東九条亭光儀、其儀東陽院殿御形見くはりの談合之儀也、

薄小袖壱つ幷ひちりめん壱つ者、　若政所殿へ」

(81ウ)

薄小袖壱つ者　東七条御門主(成等院、宣如光従室)御内儀

同前　祢々姫君へ

緋紗綾　綿
越前綿　帯

ひさやの御小袖壱つ幷綿参把者　左衛門督へ
同小袖壱つ者　房へ
越前綿参把者（ヒチリメン幷帯壱筋也、）　御方御所の御乳人へ
同参把計者　東七条御内儀御ちの人へ
同前者　祢々姫御乳人へ
同前（幷帯ヒチリメン壱筋者）　千代御ちの人へ」
綿弐把者　小少将へ

（82オ）

右御方御所御乳幷千代御乳人ハ今度廿日に東陽院殿為御香典銭参百文つゝ進上故也、
小袖壱つ者（無色染物うらへに也、）　小侍従へ
同染物小袖壱つ者　いやへ
同小袖壱つ者　いさへ
小袖壱つ者　はるへ
同前（赤染きぬの也、うら）　ますへ
綿弐把者　北むきへ」

（82ウ）
綿四把者　　下男両人・下女両人へ

（〇七行分余白）」

（83オ）
廿四日、甲辰、

京樽昆布塩鯛
一、此日東御門主御内儀為御歳暮光儀、京樽壱荷・昆布三束・しほ鯛五つ給候也、

鏡
一、御鏡者如去年也、　東御門主より

高倉熙子の形見を分与す
一、今夕酉刻計、東御門跡光儀也、歳暮被表祝旨也、
今日東陽院殿御形見、方々遣方、

蒔絵硯箱
一、まきゑの硯箱壱つ者、　随御門主へ」

（83ウ）
一、董〔薫〕衣箱壱つ者　余かたへ
右但去秋比ヨリ借預候の也、

夜物蒲団
一、夜る物参つ并ふとんふたつ者
右禅閤様へ

綾小袖
一、綾御小袖壱つ者　大閤御所さまへ
一、ひちりめん壱巻者　同政所さまへ

紗綾

一、さやの小袖壱つ者　一斎へ

縫

一、ひさやのぬいの小袖壱つ者　同内儀へ」

金子

一、金子の小判壱つ者　堀川中将とのへ

（84オ）

一、小袖壱つ者　同内儀へ

紅梅板物

一、紅梅板物壱つ者　御つまの御かたへ

一、金子の小判壱つ者〔左右樋口へ置渡之、〕　樋口少将とのへ

織筋

一、おり筋の小袖壱つ者　同内儀へ

一、ひちりめんの小袖壱つ者　あふミ殿へ

右以堀川中将言伝候也、

（84ウ）

樋口少将のハ、則樋口少将へ渡之、」内儀の小袖同前、

小袖参つ者　右御形見のに

先日中宮さまより五之内余進候也、

祢々姫君へ

秀忠より祢々姫へ夜物到来す

一、夜るの物三重者

右大御所様ヨリの也、板倉防州より有使札并銀子者、大坂に御座候間、御用候者、取寄」可進之由申来候間、用候儀候条給候▨令報答了、
夜物唐織二・しゆちん弐つ・染物壱、又歟薄壱つ歟、

（85オ）

唐織　繻珍　染物　薄　高倉熙子の薬代を遣わす　銀子　緞子

一、東陽院殿為薬代遣候目録
銀子拾枚并鈍子壱巻者
同五枚者　　　ユウチク へ
同参枚者　　　針たての（慶祐）ケイユウ へ
　　　　　　　寿三へ」
右使者いや也、因州相添遣之、但寿三へハ以藤十郎遣之、

（85ウ）

一、藤右衛門▨佐へ　　鈍子壱巻東陽院殿御形見
一、薄の袷者　　藤右衛門佐あねおく殿へ
一、銭百疋者　　栗津式部へ
一、同前　　　　ユウチク侍へ
右銭二百疋者、余手前ヨリ申付進之給也、」

薄袷　銭

（86オ）

一、かうせう院殿より

諸白
昆布
索麺
羽二重

諸白壱荷・昆布・さうめん弐拾は也、但昨日歟、

一、小袖壱つ者はふたい也、　瑞竜寺殿へ

一、参百文者　妙蓮へ

一、銭百疋者　妙月・春清・そうはん・ゑいきう・九郎左衛門・長右衛門等六人、

右去廿二日葬礼にハ妙月・そうはん・ゑいきう三人也、又両人侍等也、付妙蓮・

春清ハ、東陽院殿御死去刻、禅さまにて勤被申故也、」

（86ウ）

一、銀子拾五匁者　仏三具足代

右外灯明とほし相添通也、式部へ渡之、

一、四匁五分者　はりこ代、去七月比女一宮さまへ杉原にそへ進上、玉御乳取次渡之、

一、拾四匁八分者　綿廿二把、はしりちん、千代御乳取次渡之、

右之内六把六分つゝ、残七分つゝ算用也、

一、千枚之内先弐十貫目計来候也、

右板倉周防守殿ヨリ来也、

炭

一、すみ五たわら者　形木かきや歳暮来也、」

徳川和子よりの銀子を薬代に充つ

(87オ)

一、銀子壱枚者　　禅閤様の也、

右昨日銀子拾九枚、禅さま先日中宮さまより来候を、東陽院殿御薬代として友竹へ拾枚并慶祐へ五枚并寿三へ参枚、残壱枚余請取申候、禅さま方々渡方に請取申候也、

塗籠枝柿蜜柑

一、ぬり籠壱つ者ゑたかき・密柑等也、　半井寿庵より

昨日の事也、」

(87ウ)

一、ぬり籠壱つ三色入て、　本願寺御児御所へ

右以式部為使者、但私宅居申候也、

一、本願寺御門主より大進(下間仲友)来、

右昨日東陽院殿為御形見小袖ニ令進候、為謝礼也、

廿五日、乙巳、

九年母

一、密柑百五十并九ねほ弐十者　しやうゐんより持参、歳暮也、

(88オ)

一、銀子合弐十参貫目者廿五日・廿六日両度　板倉より」

右昨日銀子弐十貫内合四十参貫め、都合千枚分也、

今度祢々姫君祝言ニ付候て、大御所様ヨリ御合力の也、幷夜物三重被下候也、

一、東陽院殿　出候礼之事、

一、銭参貫文幷諸白壱荷・さうめん弐十は・昆布五束也、　本国寺上人へ（以因州為使者也、）」

（88ウ）

一、銭弐貫文者　誓願寺へ

右本国寺上人者、法花経送被申候、誓願寺よりハ無送経故、些少也、

一、同参貫文者　嵯峨へ

右二尊院長老　院へ右之内百疋、又二尊院西堂はしめ惣中へ弐貫也、但後日廿六日・廿七日両日中、三ヶ寺なから以因州為使者、失念故此日付書付候也、」

（89オ）

廿六日、丙午、

此日三宝院（義演）御門主御出京、依有用所大閤御所縁迄参候也、（依服中之儀也、）暫言談、昨日南昌院長老来儀、今度東陽院殿為御追福、薄袷壱つ為打敷被遣之、但方丈への也、仍御ぬわせ候て可有御寄進之由、長老被申候故、今日ぬわせ申候也、就其永家（高倉）卿（故藤大納言之儀也、）」

（89ウ）

位階之事、相尋候へハ、正二位之由ヲ藤右衛門佐ヨリ被書付給候也、

追福のため薄袷を打敷に縫い改め東福寺方丈に寄進す

— 245 —

東寺観智院より真言を伝授せらる

一、東寺観智院今日呼寄候て、諸真言とも伝授之事、

十三仏真言　初七日 不動　二七日 尺迦　三七 文殊　四七 普賢　五七 地蔵　六七 弥勒　七々 薬師　百ヶ日 観音　一周忌 勢至（マヽ）　第三年 阿弥陀　七年 阿閦　十三年 大日　三十三年 虚空蔵

五供養真言塗香・華鬘・焼香・飲食・灯明等也、

灑浄真言　召請真言　撥遣真言　幷（アキマヽ）」

四陀羅尼伝授

一、一切如来心秘蜜全身舎利宝篋印陀羅尼

（90オ）

一、千手千眼観自在菩薩広大円満無礙大悲心陀羅尼

一、随求陀羅尼　一、仏頂尊勝（フッテイソンシ）陀羅尼

右分今日従観智院令相伝者也、

廿七日、丁未、

法花経壱部者　日野大納言殿より

右東陽院殿への也、」

諸白

（90ウ）

一、諸白壱荷者　広橋大納言（総光）殿持参

右東陽院殿御とふらひのため也云々、

一、小袖壱重者　　　　本願寺御門主より

右歳暮也、大進御使者、謁之、

右小袖壱つ者白也、又壱つ者さや（地茶歟、）五所文、

此日方々かけとも少シ遣之、有日記、

一、合弐貫目者（方々かけ之内）　　五左右衛門へ渡之、

一、合壱貫四百卅目者　　式部へ渡之、」

(91オ)

一、又（アキマヽ）（方々のかけ之内）　　式部へ渡之、

廿八日、戊申、

一、打敷壱飾者　　東福方丈へ

右東陽院殿御着用衣裳之内也、昨日ぬわせ候て御寄進也、

一、銭五百文者　　東福行者正鎮へ遣之、

右為歳暮こばう三は進上也、幷今度一儀肝煎、旁以遣之候也、」

(91ウ)

一、炭弐荷者　　日野大納言殿より

右歳暮也、嘉例也、

紗綾五所文

打敷

銭

牛蒡

炭

諸白昆布

一、諸白壱荷并昆布三束・こんはう五わ　　随御門主より

右御歳暮也、

祢々姫へ秀忠御台より賜わる蒔絵化粧道具の目録

祢々姫君まきゑのけしやう道具、江戸御台様(崇源院)ヨリ来分目録写

鏡台

一、御きやうたい壱つ惣こいなし地、たかまきへ、御ゑやう枝菊金銀きりかね入かな物けぢほり、

鏡の家鏡

一、御鏡のいゑ・御鏡共ニ壱つ同御ゑやう」

(92オ)

白粉箱

一、おしろい箱壱対同御ゑやう

香箱

一、御かう箱壱対同御ゑやう

櫛箱

一、御くし箱壱つ同前

払箱

一、御はらい箱壱つ同前

元結箱

一、御もとゆい箱壱つ同前

油桶

一、御油おけ壱つ同前

手箱

一、十二の御て箱壱つ同前

隅赤

一、御すミあか壱つ同前」

(92ウ)

沈箱

一、御沈箱壱つ者同前

火取　一、御ひとり壱つ同前

香盆　一、御かうほん壱つ同前

耳盥　一、御みゝたらい壱つ同前

半挿角盥　一、御はんさう・つのたらい壱くみ同前

歯黒箱　一、御はくろ箱壱つ同前

一、御わたし箱壱つ同前

歯黒耳盥　一、御はくろの御みゝたらい壱つ同前」

(93オ)

手拭掛　一、御手ぬくいかけ壱つ同御ゐやう

歯黒台　一、御はくろのたい壱つ同前

御厨子棚　一、みつしの御たな壱つ同前

黒棚　一、御くろたな壱つ同前

一、御せんほつかい壱荷くろ地ニゐ▨(た)菊、たかまきゐ、中之箱モ同御ゐやうかな物けほり、

丸外居　一、御まるほつかい五荷を〔緒〕ハ五色の糸、しんノくろぬり、かな物けほり、

担　一、御にない五荷をハ五色のいと、くり色きちやうめんかな物あり、

右如件、又御小袖拾之内、」

（93ウ）

小袖

一、御小袖拾之内、

縫箔

右染ぬいはく五

緋綸子
白紅
赤染物
緋紗綾
袱紗

ひりんす　　白くれなゐ　　あかき染物

ひさや　　ふくさなと也、

伊勢熨斗

一、伊勢のし　　　一折弐十は

寛永元年極月廿八日戊申午刻、江戸御台様御使者持来也云々、

右如件、」

（94オ）

燗鍋

一、かんなへ壱つ　　　ぬし屋加兵衛進上

右歳暮也、此次かけぬりちん皆済申候也、

銀子日記

一、松尾社家三人来、かき拾・梅ばうし弐百計・はまぐり三四十計等也、

銀子日記有之、又請取等有之、

柿
梅干
蛤

右歳暮心歟、

此日一条庄右衛門へかけの内銀子合壱貫目渡之、残ての分合、

此外何も渡方別帳有之、」

（94ウ）

秀忠より送る祢々姫祝言贈物の礼を板倉重宗に申す

一、銀子拾幷小袖壱重者、ヲリスチノキヌ五所文、地茶也、

右板倉周防守殿へ以兵部為使者、但今度祢々祝言ニ付、大御所さまより銀子

千枚幷夜物参重参候、此一礼表祝旨者也、

右小袖者、但千枚之内にてかい小袖四つ之内 形木かき屋取次、かい申候内也、

一、炭弐荷者　日野中納言（光慶）殿より

右歳暮心歟、当年初也、」

（95オ）

節分方違のため東九条屋敷巽方の家に宿す

此夜節分、仍為方違東九条屋敷巽方家にて一宿申候也、

一、銭百疋幷花五斤者　きいへ

花

右之内但花者、今日不遣之、重而禅閤御所より取出可遣之者也、

鰤

一、ぶりの魚壱本者　きいより歳暮也、

緒太

一、をぶと三束者　歳暮 寺町かきやより

（95ウ）

廿九日、己酉、小月　大晦日也、」

一、かんな へ壱つ ふたにまきゑあり、　かう阿弥進上 せいふ進上云々

一、今朝自東九条罷帰候刻、

　米壱石者　　　　　　　　随御門主ヘ進候由、

　　右近々申渡候也、昨夜御振舞候礼也、

一、東陽院殿今度衆(フギン)一礼之事

　銭弐百疋者以次右衛門為使者、　長講堂ヘ

　同百疋者　　七条の正行院ヘ

　同百疋者此両寺ヘハつほミヲ房方ヨリトテ遣之、　五条の竹林庵ヘ」

一、鏡幷諸白壱荷・昆布歟、　随御門主ヘ

　　右歳暮返報也、但鏡ハ、当年者禅閤御所より不被進候故、進之候也、次右

　　衛門使者進候也、

(96オ)

一、筆拾対者　　くまい丹波進上

一、はんしのかみ参東、皮たひ壱そく返報、

　　右兵部奏者也、

一、昆布参そく者歳暮也、　新三為進上、」

筆
半紙
皮足袋

買物覚

かい物覚かけの事

美濃紙

一、ミの紙五束者但壱束ニ付壱匁五分也、　銀子七匁五分也、

一、はんしのかみ五束但壱束ニ付壱匁弐分つゝ、　銀六匁弐分也、

合拾三匁七分歟、御方御所御乳取次也、いまたかね不相済也、

(96ウ)

礼物覚

御礼者覚

一、一条殿光儀、御歳暮也云々、門外迄渡御也、

一、大閤御所渡御也、御歳暮也、門外迄也、

杉重

一、杉重二重者、少の也、　伊勢祭主進上使者也、」

右祭主進上、兵部取次也、

(97オ)

風呂

此日有風呂、各入申候也、

一、壱分判壱切但去年祢々姫御はくろミの時、百疋代也、　祢々御乳へ

一、同前但去年千代ひほをとし（紐落）の時百疋代也、　千代御乳

一、同前当年去十日玉かみをき（髪置）の時の祝義今夜遣之了、　玉御乳

右三人御乳何も表祝旨也、

一、ミつかん百計者　　　北むき歳暮也、」

蜜柑

幸家公記 元和八年正月 （補遺）

「元和八次歳壬戌（原表紙外題、九条幸家筆）　日々記」

（〇一丁白紙）

〔正月〕

（1オ）

元和八年日々記

○九条幸家本年三十七歳、関白従一位

元日、戊戌、雪降、豊年瑞也、万吉前逃〔兆〕此時也、

四方拝

今暁　主上（後水尾天皇）御四方拝也云々、

御剣雅胤（飛鳥井雅宣）朝臣、御脂燭衆康胤（堀河）朝臣・嗣（藪）良朝臣・忠定（清水谷実任）・公根（小倉）・公久（花園）・隆経（油小路）・忠利（壬生）等

也、奉行勧修寺弁経広也、」

（1ウ）天地四方拝

今旦予天地四方拝如例、
巳刻康胤朝臣・時長（甘露寺）・信孝（樋口）来儀、
表祝旨、此外人々少々来、
未刻参禅閤（九条兼孝）御所、妻子引率之、又参瑞竜寺、妻子同前、
此夜有節会、内弁中御門大納言資胤卿、外弁資勝（日野）卿・総光（広橋）卿・実有（正親町三条）卿・共房（清閑寺）卿・宰（広）
相兼賢（広橋）卿・伝法輪（転）（三条実秀）三位中将、」

（2オ）元日節会

以上六人外弁也、此内宣命使実有卿、
雑事催三位中将歟、可尋之、
少納言長維（東坊城）朝臣、次将ハ為頼（滋野井季良）朝臣・〃〃（庭田少将）・元親（中山）朝臣・親顕（北畠）朝臣・〇〇（庭田朝臣也、重秀）・為尚（冷泉）（中山冷泉）・
高有（綾小路）等六人、御脂燭衆兼俊朝臣・孝治（竹内）朝臣・基音（園）朝臣・遂長（西坊城カスナカ）・基秀（河鰭）・隆量（鷲尾）・差次（倉橋泰吉）蔵
人、奉行季俊（正親町）朝臣、」

（2ウ）御裾の作法

戌刻許予着束帯参内、藤右衛門佐為衣文（高倉永慶）、褰御篇（簾）候御裾、予裾頭弁（烏丸光賢）持之、其作法、入額間歩行
御簾下、自▨北第二間南階間、内侍両人持剣璽、自南二間出簀子、次余褰御簾、藤右衛門持御裾

（3オ）

兼孝より秘事作法を受く

至垂簾下跪、余於此所取御簾供奉、少時至御後、着御倚子給時、余跪候此所、次〻（少時）

天皇（後水尾）着高御座御倚子給、押入御裾、」押入御倚子与御尻間、是御身動為不鳴也、此義為秘事作法由、先年老

父兼孝公御物語也、仍作法如件、至寅刻還〻（入）御之時、又着御後御倚子給、少時間也、

宣命拝以後也云々、其義脂燭以下毎事如出御時、余入垂簾内奥迄候御裾、自懐中取

出笏退下、

（3ウ）

白馬節会

庭湿により雨儀

今夜依庭湿為雨儀、」

七日、甲辰、雨下、節会内弁内大臣康道公（二条）、外弁三条転法輪大納言（公広）・西園寺大納言（公益）・日野中納（光慶）

言・花山院宰相中将（定好）・西園寺御方実晴朝臣四位宰相也、少納言為適朝臣（五条）、次将衆六人、左康胤朝

臣・左元親朝臣・左為賢朝臣（藤谷）・右信孝・公景（姉小路）・有純（六条）、依雨義左三人列立日花門、右為月花

（4オ）

門、内弁謝座宜陽殿壇上也、外弁雁行列之儀也、初拝、宜陽殿南柱内也、号宜陽殿壇上柱内歟、

此後拝悉為軒廊、」御酒勅使日野中納言、宣命使宰相中将、雑事趣実晴朝臣也云々、

宣命拝為両段再拝、亥刻許内弁着陣、今年被叙正二位、仍俄為着陣者也、其次頓而

陣義始為節会、至丑一点事満畢、各退出、

（4ウ）

今夜予・大納言（九条道房）・千世鶴（松殿道昭）等為見物、退出之時、表珍重参内大臣、被候其座、」中御

門大納言（資胤）・清閑寺中納言（共房）・同権佐（清閑寺共綱）・極﨟（壬生忠利）幷堀川中将（康胤）・樋口少将（信孝）等也、有勧盃事、少時余起座帰宅、于時為鶏鳴者也、」

幸家公記 寛永二年八月〜十月（覚書の内）

（原表紙外題、九条幸家筆）
「座当覚」

（〇一丁白紙）

〔八月〕

（1オ）
〔頭〕
座当不座之事、

○九条幸家本年四十歳、前関白従一位　座頭三人不座の事

（寛永二年）
乙丑年八月廿七日被仰出候也云々、午刻計有御使者之由申之、

第二﨟本島五十三計

第四﨟七尾七十歳計

第五﨟中川六十四五計

右三人不座也云々、」

当将軍さまの（徳川家光）
山川（貞久カ）
（1ウ）
寺尾

右勝衆両人

第一
奥田
第三
アダチ
（2オ）

不座の子細

右、第一・第三ト惣而本島・七尾・中川此三人義絶数年為躰也云々、仍公事アイテノ山川、右寺尾トノ事也、然共三人不座ノ子細者、」此七年已前十人の座当寺尾方ヘ弟子之儀尤之由判仕候、其内第一・第二・第三・第四・第五﨟右五人也、然トイヘトモ第一奥田・第三あだちの両人ハ、もともかやうに座乱申タル義御座候由申之、仍無咎者也云々、

公事の子細

右公事子細者、初七年已前ハ寺尾道理故、弟子之儀尤と右五人判仕候ヲ、又当年六月比山川方ヘ第二本島・第五中川幷第四七尾者、依所労京に共罷在、判仕

候也云々、」

（〇半丁白紙）」

（2ウ）

〔九月〕

乙丑年（寛永二年）

九月廿七日、壬申（マヽ）、天晴、四陀羅尾（尼）三返・諸真言三返・五巻の末の品読之、

（3オ）

四陀羅尼

今朝随（増孝）御門主御振舞也、昨夜方違参留（宿）候九条、仍昨夜も有御振舞下々迄、巳刻計自

増孝方違

在所西御児（良如光円）御所へ参有御振舞也、沈酔昼寝、亥刻計帰宅了、

振舞あり
昼寝

廿八日、甲戌、雨降、

今朝四陀羅尾七返・諸真言七返、

竹内形（刑）部（孝治）幷寿庵（半井）等来、」謁之、

（3ウ）

廿九日、乙亥、

今朝四陀羅尼三返・諸真言三返、

法花経五巻の奥品廿折計読之、
此日二条殿(康道)奉幣、吉田兼秀(英)祇候、御相伝也、
二条康道奉幣

(4オ)
一、午刻計東御門跡(宣如光従)へ政所殿(豊臣完子、九条幸家室)令同道参候也、二条殿光儀也、今夜」能有之、五番、
東本願寺にて能あり

五郎八大夫也、

〔十月〕

初冬

朔日、丙子、天晴、申刻微雨、其儘晴、
今朝諸祓読之、四陀羅尼・諸真言等各壱返読之、

(4ウ)
此日神竜院(梵舜)東九条」可参之由、左大郎使者として吉田へ遣之、扨又余出門刻也、今
日八幡の御社建立申、新造鎮守の屋敷見合申儀也、
八幡社建立

拝殿大樹東方五間程間有之、引立之畢、」

(5オ)
二日、丁丑、

今朝四陀羅尼三返・諸真言三返・諸祓壱返読之畢、

諸白

藤原道隆真跡

諸白樽壱荷者

右大乗院殿（信尊）御持せ也、今夜中関白道隆（藤原）公ノ真物鳥子壱枚進之、

一、同筆拾壱行者　極﨟（壬生忠利）へ遣之、

一、同筆拾行者　大乗院御門主の因州へ

古筆

右今夜古筆懸御目候刻、如此者也、」

鷹司亭に参る

江戸下向の事を申し合わす

（5ウ）

今昼大閤（鷹司信房）御所へ参申候也、今度江戸御下向大乗院殿余ト御同道可然由、周防守（板倉重宗）書札令見之候也、仍同道可申旨参候て申合了、

三日、戊寅、天晴、

今朝四陀羅尼三返・諸真言三返・随喜功徳品之四五折▨読之、此前品分別功徳品之内五折読之、合十四折歟、

諸祓読之、

心経三返

唯識三十頌三返」

（6オ）今夕小皷〔鼓〕ノ長兵衛号伊豆也、来、余謁之、一時余言談申候也、

〻〻四日　進物　伊豆

一、（アキマヽ）

初夜過退出了、

四日、己卯、雨降、

今朝諸真言・四陀羅尼等弐返、

七曜九曜等真言七返つゝ、心経五返、諸祓一返読之、」

（6ウ）三十頌一返読之、

一昨日又昨日両日中三十頌〻読之、書

江戸下向の餞別

はなむけ

一、扇弐本　観智院の宮内卿より

右江戸下向の也、

生こち

一、生こち五つ者、代六匁也云々、

右権大納言御局へ遣之、

一、同ふたつ者　政所殿(豊臣完子)へ

一、西御児御所(良如光円)来六日可有御出之由也、」

右用意可申付也、

(7オ)

五日、庚辰、

今朝四陀羅尼幷諸真言等各一返、

心経幷三十頌等二返、

諸祓各一返、

法師功徳品読残十九折、是皆一品分今朝読之、六巻了、

此日女院御所(中和門院、近衛前子)へ政所殿被参候也、先是中宮御方(徳川和子)へ依召御参也、午刻計也、」

豊臣完子中宮幷びに女院の許に参ず

幸家公記別記（寛永二年江戸日記）

（原表紙外題、九条幸家筆）
「江戸にて御遣方記之、（但十八日の所悉有之、日付者前後也、）

寛永弐
乙丑年霜月十四日（十五日）庚申、今日江戸参着已後日記」

（〇一丁白紙）

〔十一月〕

（1オ）
寛永弐歳次乙丑霜月十四日（五日）庚申、午刻計品川より江戸西福寺へ着申已後日記（但京出門去二日より昨日十四日『已未』路次中等之儀、別記之、）

〇九条幸家本年四十歳、前関白従一位
品川宿より西福寺に到着

将軍家光より使者

武家御所様(徳川家光)より御使者両人、吉良少将(義弥)・土井大炊頭、酒井雅楽頭(忠世)此両人先被参候、

寒天時分遠路大儀之由被申候て、先両人退下、縁辺迄被罷出候也、

大御所秀忠より使者　(1ウ)

大御所様(徳川秀忠)より御使者両人、大沢右京(基重)・」土井大炊頭(利勝)、

右両人同事意趣被申候、扨盃と申盃出候へハ、先御使にて御座候とて縁迄退

出、先是又右両人縁迄退出被申候間、返事可申旨申呼候故、右四人衆一度被

罷出、此時盃と申候へハ、先御使にて御座候と、〃(間)返事と被申候を、先とて盃

出候へハ如右弐(式カ)也、

返事の作法　(2オ)

扨返事ハ縁のしきミのきわ迄罷出候て、」次間よりしきミに手をかけ、過分

之由表之後、縁迄少立出送り候者也、未刻計也、

将軍御台より使者

御台様(鷹司孝子、徳川家光室)より御使者木工(木多村木工介)、

折　雁　大樽　藤堂高虎より贈物

一、折絵有之、・雁弐羽・大樽弐つ

藤堂泉州(高虎)より

棗　鮨桶

一、今夕之音信、茶のひきたるなつめ壱つ　一、すし桶弐つ

一、大すゝ酒入候て、三色三つ也、」

一、寿伯於西福寺待請居申、未刻計御使者已後退下申候也、

一、竜眠庵柔長老（剛外令柔）幷同弟子等来儀也、去廿七日罷立、当月九日に此地へ罷着也云々、（2ウ）

一、大御台様（崇源院、徳川秀忠室）より富田忠左衛門（久次）参候、民部卿殿よりも御大義御下向被表珍重候也、於内々謁之、仍長老ト忠左衛門知人になし候也、

一、三好因幡守（一任）来儀、但今日路次迄有使札者也、」

一、寿伯今日持参、銀のキセル幷キサミタハコ但扇成のはりこに入也、アサキノフクサ物ニテ包候也、・たトン廿幷こかしの少キトツクリ、（3オ）

一、未刻申頭時分振舞出候て、已後入夜迄昼寝、已後又夜アツキニ丸キ物入タルト、カキノスイ物なと出候、侍中同前歟、

今朝於品川ミのかみ弐束幷綾島壱端遣之、

右品川昨夜一宿一礼也、

今朝看経、四陀羅尼・諸真言・心経三十頌等幷」諸祓壱返つゝ但中臣祓三経祓等ハ二返読之、法花経第一巻廿一折読之、今度法花経弐部読、三部メノ始之者也、（3ウ）

大錫

令柔も江戸に下向

大御台および民部卿局よりも使者

銀製煙管
刻み煙草
扇成破子
炭団
徳利

武家使者対面の後振舞

鱲の吸物

美濃紙
綾縞

品川宿に一泊

品川宿にて看経

右皆於品川宿看経也、

今日品川よりのりかけ分、堀川中将康胤朝臣・樋口少将信孝并諸大夫三人（朝山吉信）（信濃小路宗増）兵部・淡州・作州等（山本慶泰）、のりかけ也、此外歩行小性（姓）十二人歟、又此外五人にの（荷）奉行ぬい・内匠・次右衛門・五左衛門・重左衛門、に奉行也、のりかけ也、路次行烈、

品川から西福寺へ

行列

一、弁当　一、はさみ箱五荷　一、たんす壱荷　一、やり」

弁当
挟み箱
箪笥
やり
長太刀
馬
網代輿

一、長太刀　一、馬一疋余乗馬也、但殿具の前歟、　余輿アシロ前行小性共、但輿ノ左右ニ両人計供中候也、

(4オ)

競馬五人

次のりかけ五人但殿上人両人・諸大夫三人　等也、

大乗院門主同道す

右次ニ大乗院（信尊）御門主半町計跡より同道也、其御跡より高にとも（荷）に奉行已下也云々、

一、今日陪膳諸大夫、手長山三郎・権兵衛・市助など也、両殿上人シャウハン也、但於内々膳弐也、

輿の戸を開け会釈

(4ウ)

一、今日路次迄廿町計歟、大御門主御宿奉行」（松平勝隆）出雲被罷出、余輿戸明候て、知人に成候也、其後町拾町余安部（阿）備中守（正次）むかいとして被罷出、又戸を明候てあしらい、

則前へ被帰候也、

扨午刻計参着西福寺宿坊者也、

（西福寺に到着）

此後従両御所（徳川秀忠・家光）御方御使者等之儀、右記之了、

十六日、辛酉、天晴、

今朝看経、諸祓幷諸真言・四陀羅尼・心経三十頌等各一返、法花経序品読残皆読之

（看経）

了、」（5オ）

（武家使者より贈物）

一、白鳥壱羽　　一、生鯛五枚　　一、大樽諸白壱荷

（白鳥　生鯛　大樽諸白）

酒井雅楽頭より

土井大炊頭より

一、きし拾幷生鯛拾・大樽弐荷無銘の也、　一、ミつかん三百計一折

（雉　蜜柑）

大御台様より

一、生鯛拾　　一、かいあわひ三拾・大樽壱荷

（鮑）

民部卿殿より

一、生鯛弐つ大也、」

右富田忠左衛門為御使者也、

小袖浅黄五所紋織筋

（5ウ）

一、小袖壱重者アサキ五所文おり筋　富田忠左衛門へミやけ也、

寿伯弟子ヲイ也云々、

栗

一、栗一折持参也、

折

宿所西福寺に贈物

一折　一、大樽壱荷今日大炊頭よりの也、　以淡州遣之、

遣方西福寺住寺〔持〕へ先年の住寺ニハアラス、別の也云々、

同藤堂泉州へ　以兵部為使者了、

一、大樽壱荷　一、生鯛拾　一、きし拾也、」

綾縞

（6オ）

一、綾島壱端者遣之、　内匠ヲイへ　童也、　森右近殿（忠政）公奉行也云々、

東本願寺衆の礼を受く

東御門跡衆礼者

一、銭百疋者　徳本寺御一家也、

一、同前者　長敬寺非縁（ヒエン）之内

一、同前者　受慶寺同前

一、同前者　常福寺御堂衆之内

以上四人初礼也、

一、大樽弐つ者但生鯛幷あやまり消之、　一位殿より」（阿茶局）
弐つ大也也、計

胡麻餅

一、餅五六十計者こまもちと云の也、　吉良少将より

（6ウ）

十七日、壬戌、天晴、昨夜々半時分雨降、

看経

今朝諸祓一返此中又中臣祓又一返読之了、・諸真言・四陀羅尼・心経三十頌等各一返、法花経方便品読之、

喜鵲の声を聞く

一、巳刻計喜鵲三声計つゝ両度聞之、先年此已前三度江戸参候、其毎度如此、尤可為嘉例者也、吉祥前兆大慶何者知之哉、今度始而聞之、」

嘉例

藤堂高虎より茶湯に招かる

（7オ）

一、今朝藤堂泉州より有使札、明日御礼沙汰御座候間、明後十九日御茶申度由也、満足之由令報答者也、

諸方贈答あり
大樽

一、大樽壱荷者作州使者遣之謁之也云々、　金地院へ遣之、（以心崇伝）

金
唐木綿白

一、金壱分判壱切幷唐もめん白壱端者　山三郎へ遣之、

右今日母義幷てゝ父へ始而逢に参候、ミやけに遣之、

棗

一、嚢中なつめ壱つ三両入計の也、　石丸勝三郎へ

（7ウ）

太刀
馬代折紙
鴨
蜜柑

一、太刀・折紙馬代銭三貫　　石丸勝三郎より」
一、かも三羽幷〔蜜〕密柑一折三百計者　　（鷹司孝子）新御台様より
一、密柑壱箱者　　金地院長老持参也、
一、嚢一具但一両合計也、　　本島ケンギヤウへ
右今日下向已後初参、　　（圭）首座より
ケイ根本東福寺僧也、
一、杉原拾帳・末広壱本者
右今日柔長老案内者也、初礼知人成候也、
一、から墨丸弐つ但三寸四方計の也、　　永喜持参也、

（8オ）

杉原紙
末広
唐墨丸

此日未刻計阿部備中守被申云、明日御両御所さまへ」御礼之由候也、以此次上段間ニテ両人計入魂之義、
（九条道房）忠象縁辺之事、　（松殿道昭）千代鶴事、　ケンキヤウ事、
新屋敷屋作等御礼御取合之事、　僧官之事、
此義具書付、重而可承候旨也、報答、自彼方被申哉之由申了、
一、ほつかい壱荷・諸白壱荷・肴重一くみ者　　御台さま御つほねより

武家に頼み入る条々を阿部正次に伝う
外居
諸白
肴重

右今日申刻計始而被参候、私持せ也、

神尾守世と茶湯を約束す

(8ウ)

一、神尾形〔刑〕部少輔(守世)来儀今夜也、来廿日昼茶湯」契約也、

一、銀子弐枚者　　堀川中将康胤朝臣へ

一、同前者　　樋口少将信孝へ

常是包

右両御所様へ御馬代のに▨是〔定〕包かり被申候分也、明日十八日御礼の也、

一、銀子弐枚者　　定是包弐つ也、

右明日十八日両武家御所さまへ御馬代の也、以淡州五左衛門へ相渡候也、」

看経

(9オ)

十八日、癸亥、天晴、

今朝諸祓幷四陀羅尼・心経十〔三〕ミ十頌・諸真言等一返・法花第二巻之内譬喩品十三折読之、

武家への進物目録

巳刻計両武家御所御礼進物目録

将軍様(徳川家光)

太刀　馬代銀子

一、御太刀一腰・御馬一疋馬代銀子壱枚

黒繻珍

一、黒しちん参拾巻

大御所様」

一、御馬代　同前（9ウ）

一、同しちん　数同前

（鷹司孝子）御本丸御台様

一、弐十端之内しゝら拾たん ねり拾たん

一、ちりめん五つ 赤三 白ふたつ

一、同三つ 赤二 白一

（崇源院）西の丸大御台様

一、鈍子拾巻幷しゝら五たん也、」

一、ちりめん五つ 赤三 白ふたつ（10オ）

一、同参つ 赤二 白一

一、同前但赤ひとつ 白ふたつ也、

一、同前色右同

一、同前色同前

練（しじら）

縮緬

緞子

将軍様 御つほね

おくさま 御つほね

民部卿殿へ

宮内卿殿へ

あわ殿へ

御きいへ

小侍従殿へ

一、同前弐ツ赤白計也、　　御こ五へ

御本丸御台様衆分

又御本丸御台様衆

一、ちりめん弐つ昨日御つほねと同道の女房衆也、有御盃也、」

（10ウ）

御本丸男衆進物目録

御本丸男衆進物目録

小袖

一、小袖五つ者馬代銀壱枚　　酒井雅楽頭殿へ

一、同前、馬代又同　　同讃岐殿へ（忠勝）

一、同前、又同　　阿部備中守殿へ

一、小袖四つ・馬代者　　安藤右京進殿へ（重長）

一、同前二色者　　内藤伊賀守殿へ（忠重）

右長衆也、今日右衆御城にて一礼被罷出候也、

長衆

一、小袖四つ、又馬代者　　稲葉丹後守殿へ」（正勝）

（11オ）

右内藤伊賀守并稲葉丹後守殿なとハ、井上主計殿（正就）・永井信濃守殿（尚政）なとゝ同心に被懸御目衆之由、備中守殿今日言談被申候也、

一、しちん参巻并馬代者　　阿部修理殿へ（政澄）

一、同前、又同　　同(重次)山城殿へ

一、同前、又同　　板倉(重昌)内膳殿へ

白縮緬

一、白ちりめんふたつ・馬代者　　同重三郎殿へ

大御所様衆分

大御所様衆分」

一、小袖五つ幷馬代者　　土井大炊頭殿へ

（11ウ）

一、同四つ幷馬代者　　井上主計殿へ

一、同前、又同　　松平(正綱)右衛門殿へ

一、同二色者　　永井信濃守殿へ

氈

一、せん五まい幷馬代者　　織田(信良)兵部殿へ

一、同弐枚幷馬代者　　[太]大田(資宗)采女殿へ

一、同三枚者　　伊丹(康勝)喜之介

一、同前者　　大沢(基宿)中将殿へ」

（12オ）

一、同弐枚者　　同右京殿へ

一、同参枚者　　吉良少将殿へ

一、同弐枚者　円寿院へ
一、同前者　道三（今大路親清）へ
一、同前者　承喜へ
一、同前者　三好因幡守殿へ
一、同前者　同越後守（可正）殿へ
一、同前者　同まん介殿へ」
一、杉原十帖・ちりめん壱巻者　同因幡殿内儀
〃一、せん弐枚幷馬代者不遣之、　木下宮内殿へ
一、同前、又同　福島市允殿へ
〃一、せん弐枚者未遣之、但霜廿五日迄、　観音院へ
一、同前者　唯心院殿御孫へ
一、白ちりめん弐つ者　昨日杉原十帖・末広壱本進物、圭首座へ
一、せん弐枚者　かめやぬいへ
一、同前者　佐野外記（政成）へ」

杉原紙

（12ウ）

(13オ)

一、せん参枚者　有馬出雲守(豊長)殿へ

一、同前幷馬代者　松平出雲守殿へ

一、しちん拾巻幷馬代者　藤堂泉州殿へ

一、小袖壱つ者　同壱岐へ

一、しちん五巻幷馬代者　神尾形部殿へ

一、りんす参巻者赤壱つ白ふたつ　一位殿へ

一、ちりめんふた巻者白赤　一位殿の御ちや〳〵へ

一、ちりめん赤壱つ者　同るりへ」

右来廿日晩茶に呼被申候故也、形部殿へ也、

又藤堂泉州殿へ明日十九日昼御茶ユルリ振舞也、

(13ウ)

神尾守世に進物

又目録覚

目録

一、もうせん参枚者但霜廿五日以作州為使者、阿部修理ヨリ五枚之内、　金地院長老へ

毛氈

一、もうせん弐枚幷馬代彼方銭返之、　石丸

綿道服

一、綿五把幷袷たうふく壱つ　寿伯

一、同弐把遣之、　長介

大樽
生貝鮑

一、大樽壱つ・生かいあわひ卅遣之、　寿三」

一、小袖弐つ者霜月廿六日御使者之時旁以遣之、　御台の木多村木工

綾縞

一、綾島壱端　大つゝみの与三右衛門

（14オ）

一、同前　平井越後

袴肩衣

一、袴かたきぬ　同茂介

東本願寺衆分

東御門跡衆分

一、白ちりめん壱巻者　徳本寺

一、同前遣之、　長教寺

霜廿五日
一、同前遣之、　受慶寺」

霜廿六日
一、同前遣之、　常福寺

（14ウ）

同日
一、同前遣之、　長福寺

霜月廿五日以兵部為使者、

一、繻鎮参巻并馬代銀壱枚者　永井右近殿へ（直勝）

東御門跡院下〔家〕へ返報　　　報恩寺へ

霜廿六日
一、繻鎮弐巻者但銀子弐枚返報也、

同日
一、綿五把者銀子壱枚返報、　　同子息へ　三位と云歟、

右以長教寺歟、此外両人ヲ以言伝遣之、」

十九日、甲子、天晴、

（15オ）

今朝諸祓・諸真言・四陀羅尼・心経三十頌・信解品之内拾六折読之、

一、餅一台百計歟　　新御台様より

一、密柑一折三百計　　大御台さまより

右折御台さまよりハ御文有之、報答以愚簡申入了、

一、短尺拾枚者　　御幸町出くら持参也、」

今日酒井雅楽頭・同讃岐守・土井大炊頭・阿部備中守・同修理等小袖五つゝ、右四

（15ウ）

人年寄衆、又しちん参巻・馬代・樽等者、阿部修理とのへ、但樽者、昨日候哉修理

息誕生之祝義也、又備中守へも樽遣之、

未刻計に藤堂泉州へ茶ニ参候、

看経

餅

蜜柑

大御台より文あり

年寄衆繻珍馬代
樽阿部政澄息誕生祝い
藤堂高虎より茶湯に招かる

一、しちん拾巻并馬代銀壱枚　　泉州へ」
一、しちん壱巻・杉原十帖者　　藤堂壱岐へ
（16オ）
一、小袖壱つ者　　泉州使者侍へ

杉原紙

右今日茶に参候次、右両人へ遣之、

一、かんなへ弐つまきゐ也、　　かう阿弥むこ
一、綾島壱端者　　右むこへ返報遣之、
一、袴かたきぬ者密柑百計持参、　　ぬしやへ、因幡親類の也、
一、しちん弐巻者二色よきの也、　　藤堂泉州へ瑞竜寺（日秀）殿より

燗鍋
綾縞
袴肩衣

右手前より引又進物也、」

（16ウ）
一、銀子弐枚者　　院家 報恩寺より
一、同壱枚者　　同 同中将より
一、銭百疋者　　かんだの 蓮葉寺より

東本願寺衆

右三人東御門主の衆也、

未刻計御鷹鶴壱羽者　　大御所さまより

秀忠より鷹の鶴を贈らる

下戸　右以大沢右京被下候、有配酌之事、御礼申被帰候、下戸也云々、神尾形部あいさつニよりて二盃計飲被申候、酒義不申之由」右京誓言ヲ以テ作州迄縁ニテ被申候也云々、（17オ）

藤堂高虎侍従に補さる　一、藤堂和泉守被語云、今日吉日故拙者侍従ニ被成下候仰にて、年寄衆状調被申候ヲ被見之候、参之由也、位階ハ四位也云々、但今迄此已前ヨリ四位也云々、

忠象嫁取の事　一、此日藤堂泉州ヘ参候ヘハ、着座中其儘言談被申候者、御ヨメコノ事、加賀ノヲ八歳ニ御成候のを、上儀相調候テ、先日筑前（チクセン）下向之刻、御内証ヲ筑前（チクセン）ヘ被仰出候間、定而此御所ヘモ御下向刻以大炊」可被仰出歟云々、諸事望之儀少々申合了、（17ウ）内々心得申旨也、

廿日、乙丑、天晴、

看経　今朝諸祓・諸真言・四陀羅尼・心経三十頌等・法花経譬喩品読残廿折、皆此品読之、

家光より観能の催し　一、将軍様ヨリ酒井讃岐守御使者、明日御能御振舞可有之由仰也云々、報答過分存之由御取合頼申旨也、」（18オ）

本願寺坊主衆三人初礼

白縮緬

一、霜月廿七日、白ちりめん壱つ者但百足進上、　西教寺
　但進上者今日也、

一、同日同前但百足進上、　善宗寺

一、同日同前但百足進上、　光雲寺
　右江戸上洛前日也、但御暇ハ昨日出申候也、

神尾守世より茶湯に招かる

申刻計神尾形部所へ茶有振舞参候、両殿上人・諸大夫三人供也、此外侍七八

人計也、

繻珍

一、しちん五巻幷馬代銀壱枚者　形部へ」

綸子

一、りんす参巻者赤一白二　一位殿へ

(18ウ)

一、ちりめん弐巻者赤白　御ちや〳〵へ

一、同赤壱巻者　るりへ

阿茶局数奇屋相伴

入夜従形部帰了、一位殿すきやしやうばん也、宮内幷主膳初而知人ソウリヤウ

に成候也、幷又四歳の男子すきやへ出られ候、海士なと少つゝ此子舞被申

候、一段」利勢あひらしき子也、遠住(マヽ)一位私宅ニ居られ候也云々、

(19オ)

一、大御台さまより折ふたつ被下候、形部所へ参候留守中也、

饅頭の蒸籠

一、まんちうのせいろう五三重歟、西丸さまノ(崇源院)きいより

京の近親に文をしたたむ

（19ウ）

今日形部所へ参候にも、備中侍三人供申候也、

今日京への文とも七通書之、禅閤御所（九条兼孝）ト」大閤御所（鷹司信房）ト二条殿（康道）・随心院御門主（増孝）・余内（豊臣完子）儀・東御門跡（宣如光従）・同御内儀（成等院、宣如光従室）等への文とも也、此状東御門跡の留守人坊主ともより飛脚上せ候とて、任好便者也、

一、柔長老来儀也、

一、又寿伯来間、少々一儀密談申聞了、

一、密柑一折五百計歟　坊主衆四十五人

東本願寺派坊主衆より蜜柑公儀を憚りて謁せず

（20オ）

右東御門跡の坊主とも也、江戸近辺」の坊主とも也云々、但不謁之、子細憚公儀故也、此趣長福寺へ理以作州申了、今度一礼申候、東ノ坊主中よりとて金壱分壱切者、作州へ遣候也云々、

看経

廿一日、丙寅、天晴、今朝看経、諸真言少、祓中臣計也、

江戸城本丸にて観能

（20ウ）

未明出門、御本丸御能有之故也、大御門跡令同道者也、」

今日七番御能也、

能三番の後三献あり

高砂・実盛・野々宮、此三番已後武家御所為御相伴湯ツケ也、七五三也、次一献二献ハ

勧盃の作法

別盃也、三献メノ御盃、別而有御時宜、公方まいり候て余に御さし候也、頂候て飲之、次余盃武家御所まいり候也、そと御口ヲソヘラレ候、一礼申了、次大御門主へ御盃まいる也、扨又公方へ大御門主盃マイル、」是又ソト御口ソヘラレ候て御ヲサメ也、次果子、次御茶一フクつゝ、次一礼申退出了、今日ハ忝之由余申退下、次御縁迄御送候、御礼申義如例、（21オ）

餅きんとん鶴の吸物台物

次又次間ニテ餅・キントン・鶴ノスイ物出候、金地院アイサツ也、御縁ニ居ラレ候也、台物弐つ出候也、余始之大炊頭へ盃さし候也、扨又大炊頭盃余飲候也、」次余盃雅楽頭へさし候、次大御門主盃ハ讃岐守へ御さし候てヲサメ也、雅楽頭盃余飲之、此息アワノカミ（酒井忠行）へさし候て、是又ヲサメ也、（21ウ）

休息所

右此御能三番已後、先休息所へ参、自由カナへ候テ、又御振舞已後休息同前也、今日御能見物申着座所上座壱間直（置カ）之、次柱下座方上座ニ」余着之、自是座下ニ先着候へハ、仰にて候とて、吉良少将指図被申候間着上候也、此座ば（マヽ）ゝ二間也、此次間隔屏風、諸大名各参着也云々、申刻計御能満退下、（22オ）

阿部正次私宅に赴く

次安部備中私宅へ参候へとの義案内者申之、其子細、此間諸大名退出并見物町人已

（22ウ）下罷出候也云々、」扨此次備中所より、又今日為御礼御城へ参候へとの事候間、則参候へハ、ケンクワン（玄関）ノ外へ年寄衆被出候て、於此所輿立罷出、御心得候て御取成表頼入之由、退出了、

御礼のため再度登城

（23オ）此日巳刻計於御城喜鵲三声つゝ卅度計相ツ、イテ聞之、尤大慶之前兆、為悦無極者也、此刻者、実盛の間者罷出已前より」其内かけて暫間也、少思合有吉慶之事、別而満足銘肝者也、

能実盛の間喜鵲の声を相次で聞く吉慶

扨其振舞已後、道成寺・ぬゑ（鵺）・当磨〔麻〕寺・呉羽〔服〕等也、以上七番都合也、

昨日来音信方之事

一、金子参枚者　藤堂和泉守より

金子

一、銀子五枚者　同所より瑞竜寺殿へ返報

銀子

一、小袖参つ者　織田兵部より」

小袖

（23ウ）右其小袖者

又今日来物

一、餅台壱つ百計歟　御台様より

餅台

— 287 —

右木工御使者也、

続きを別帳に記す

此次別帳記之、㊞

喜鵲の声の事

霜月
喜鵲声去十七日壬戌、巳刻三度計但三声つゝ也、

同廿一日丙寅、御本丸御能之日也、於御城巳刻計喜鵲三声つゝ、相続テ三十度計聞之者也、」

(24ウ)(24オ)

右此帳之内喜鵲両度両日如件、」

(〇半丁白紙)」

(〇一丁白紙)

付属文書

〔人足人数覚〕

（端裏書）「人足つもり」

御はさみ箱　五人

御めしかへの御こし　二人

つる　二人

（康胤）ほり川殿　二人

一、御たい所　二人

一、御めしかへノ御こし　壱人

一、六人　荷奉行

一、御なか持　二人

一、御たんす　壱人

一、御へんたう　壱人

一、御はさみ御なか持　二人

此外ミハリ候一人也、

狭箱　長持　召替の輿　簞笥　弁当

合十二人也云々、

〔九条兼孝勘返九条忠栄書状〕

「(端裏書)丙寅年(寛永三年)仲春十一日、但去年各の御祝義、
中宮(徳川和子)さまよりまいり候、禅閤(九条兼孝)御所銀子御遣方尊書」
「(九条兼孝勘返、以下同)拝見令申候、仍禅閤に候つる銀子、自中宮様被下候つるは、」

一、重而尊書忝存候、御年頭とも御むやうと「」

「合弐拾にて候つる、其内を、五枚は去年東光院(九条植通)殿の卅三廻忌に、」

申儀にてハ無御座候、手前ほと〳〵

「五枚は其後去年極月十二日に東陽院殿(高倉熙子、九条兼孝室)の御一周忌に、合五枚と」

不罷成故、其方に御座候銀子とも、

「両度に合拾枚、御香典に東福寺の方丈(雄峰永俊)江進之申候つる、」

中宮さまよりまいり候のも、先此度

「其外に同去年の極月の十二日以前に、東陽院殿の御とふらいに、」

御遣候ハすハ、調成申間敷と為御理候、

「西東の七条の両門主へ三百疋つゝと、西の御門跡(准如光昭)の申付両三人江百疋つゝ三百

疋、」

それにても五所の御音信過分の事候間、

「東の御門主(宣如光従)の申付へ百疋と、合千疋、然者其極月の五日に東光院殿の」

御調如何と存候へとも、せめて先

「卅三廻忌の御とふらいに、極月十五日に五日を返々とりこされ候つるに、」

御手前のを被下候者、不足の所ハ

「かの七条の西東の両御門主へと、如右両門主の御申付両三人江と、東の御門主

の」

重而何とそ可得貴意存候由候へく候、

「申付壱人江との分に、是も百疋と合如十二日千疋との分に、

銀子合参百四拾匁にて候、此外残而合九拾匁の分候や、何かに相遣申候也、

然者当春自江戸様(徳川秀忠)、今度大御台さま(崇源院、徳川秀忠室)より拝領申候つる」
「銀子合弐百目者、其まゝ所持至(致)候間、せめて是を柱として」
「し　過分存候、かしく、」
此さたうしろき一桶令進献候
よし可被申上候、かしく、
「当年の正月の方々への自拙者の御祝儀の御礼の御事」
「し」
二月十一日「即刻」
「上」
忠栄(九条幸家)
「何とそ被成御分別候て、聽而被仰付候て給候へ、返々
大閤御所(鷹司信房)への分・二条殿(康道)への分・三門主(義演)への分・七条の両御門主への分・
東福寺への分等の、自拙者の御をとつれを申度存候也、」
尊答御申候
「老耄円性(九条兼孝)申」
「追而申入候、三門主への当年の御礼者、先月御修法の御時
御音信を申候て相済申候つる、御弟子御所への分者、
いまたにて候歟、是者杉原拾帖に御扇にて

候歟、是等の儀者、何とそこなたにて可申付候、
随門主（増孝）へも当春ハ自拙者の御祝義の御礼
をそなハり申候、是も聽而自此方可申候間、
御意をやすめられ被下候、めてたく又々かしく、」

解題

一、総説

本書は、九条幸家（初名は忠栄、一五八六～一六六五）自筆の日次記『幸家公記』五冊（函号 九・五一八四）のうち、『図書寮叢刊 九条家歴世記録 四』に既収の〔元和六年記〕および〔元和九年記〕四月～六月に続く、〔元和九年記〕七月～九月・〔寛永元年正月記〕・〔寛永元年冬記〕十月～十二月の三冊を収める。これに、近年未整理の九条家本の中から新たに発見された、幸家自筆とみられる日次記四点を併せて収録した。

新発見の四点とは、〔元和八年記〕・〔寛永元年六月記〕・〔寛永二年記〕および『幸家公記別記』〔寛永二年江戸日記〕である。

〔元和八年記〕は分量が元日条と正月七日条のみしかなく、〔寛永元年六月記〕は寸法が小ぶりと、いずれも従来の五冊本『幸家公記』とやや形状が異なる。そのためか昭和三十年（一九九五）に作成された九条家本の仮目録にも、「元和八年寛永元年日記 原本 二冊」と記載されるのみで、これまで幸家の自筆日記とは見なされて来なかった。

〔寛永二年記〕は、儀礼故実や和歌連歌に関する幸家の備忘録『覚書』（九・五二九一）に合綴されていたものである。同年八月～十月の日次記で、わずか七丁分しかないものの、次の『寛永二年江戸日記』に関連する記事が含まれるため、日次記部分のみを翻刻して収載した。

『幸家公記別記』〔寛永二年江戸日記〕は、寛永二年（一六二五）十一月の江戸滞在記である。九条家本仮目録に

「江戸日記　寛永二　九条家雑掌　一冊」とあるように、これも『幸家公記』でなく、雑掌の日記と考えられてきた。

いずれも近年の、内容や筆跡の精査によって、改めて幸家自筆の日次記に相違ないことが判明したものである。年次も、元和八年（一六二二）・寛永元年（一六二四）六月・同二年と、従来の五冊本の不足を補う形となっている。

『九条家歴世記録　四』の解題で既に述べた通り、『幸家公記』元和六年（一六二〇）十一月十日条に「自今日毎日々記」とあり、これを幸家公記の起筆とみなすことができる。しかし新出の四点を含めても擱筆についてははっきりしない。しかも「此日諸家少々来儀也、別記之」（元和九年八月一日条）・「聞書別記之」（同八日条）・「其儀有子細、別記之」（寛永元年十月二十四日条）などとある如く、別記が多数存在したと考えられる。新出の〔寛永二年江戸日記〕にも、冒頭に「路次中等之儀別記之」とみえ、「此次別帳記之」とあるように、前後を記録した別帳が存在することを、記主自身が明らかにしているのである。

現段階では書陵部所蔵九条家本の中に、該当する書名はみあたらないが、今後の調査の過程で、新たに発見される可能性は十分に考えられる。しかし取り敢えず『九条家歴世記録　四』を引き継ぐ本書においては、元和九年七月以降を年次順に翻刻し、次いで補遺として、〔元和八年記〕を収録、さらに〔寛永二年記〕〔寛永二年江戸日記〕の順に掲載することとする。なお〔寛永二年江戸日記〕には文書二通が表紙に括りつけられた形で付随しており、それぞれの内容は、江戸下向に関わるもの一通と、江戸下向とは無関係ながら同じ寛永二年に属するもの一通である。従って、これらも巻末に収録した。各冊の体裁および内容については、「五、各冊解説」に詳述する。

幸家は、摂関家の一つ九条家の当主として二度にわたり関白を務めるなど、近世初頭の朝廷社会に重きをなす存在であった。しかしその日記は、公事について詳細に記す従来の公家日記とは少し様相を異にする。ほとんどの冊に共通する特徴として、一打して箇条書きされた収支や贈答品についての情報量の多さが挙げられよう。金品の出所や、介在した家人や商人たちの動向までを詳述しており、当主自らが家計を掌握しつつ、必要な出費には厳格に対処していたことが窺える。〔寛永二年江戸日記〕が九条家雑掌の日記と見なされて来たのも、それが当主江戸滞在中の出納簿のような内容を持つからに他ならない。

そのほか、屋敷の普請や食事の献立など衣食住に関わること、および自身や身内の健康状態についても詳しく記しており、摂関家における日常生活の諸相、そして禁裏・公家・武家のみならず家中に出入りする家司および町人に至るまでの広い交際範囲について詳しく窺い知ることができるのである。

幸家自身については、官歴も含めて『九条家歴世記録　四』に解説がある。また近年、美術史研究から幸家に言及されることが多く、特に、五十嵐公一氏『京狩野三代生き残りの物語　山楽・山雪・永納と九条幸家』（吉川弘文館、二〇一二年）には、絵画作品の注文主としての幸家について、その誕生から晩年に至るまでの動向が丁寧に跡づけられている。幸家の生涯や人脈については、それらを参照されたい。

本解題では、『幸家公記』の書誌情報や、書陵部図書寮文庫所蔵の他の九条家本との関係に、より重点を置きつつ述べることとする。

二、人名注および校訂について

おそらく他見を想定しない、おおらかな書きぶりであるがゆえに、誤字や当て字が多いのも本日記の特徴である。『九条家歴世記録　四』においては、ほとんど「（マヽ）」とのみ傍注したが、本書では「鈍子」（緞子）、「ねり島」（練縞）、「形部」（刑部）などの明らかな当て字、あるいは日庸（日傭）・密柑（蜜柑）・百性（百姓）・小性（小姓）など、扁旁の一部が符合するものについては、月毎の初出の箇所に傍注して〔　〕内に正字を入れることとした。ただし、苻（府）・艮子（銀子）など、頻出する語句については、敢えて正字に直して翻字した箇所もある。

また、贈答品の一つにしばしば見られる「塩雁」は、字そのものは「塩鷹」に限りなく近い。しかし鷹が食用として塩漬けにされ、贈答の対象となっていたとは考えにくいため、「鴈」字の崩しとみて、標準字体の「雁」に翻字した。『九条家歴世記録　四』一七七頁の「塩鷹」も「塩雁」とすべきであろう。

正字と略字との混用も目立つ。例えば、「竜眠庵」と「神龍院」、三男松殿道昭の幼名も「千代鶴」「千世靏」など数通りある。これらはすべて凡例に従い、敢えて常用漢字に統一して翻刻した。しかし例えば、宗源神道を創唱した吉田兼倶を祀り、その裔で住持を務めた梵舜を指す「神龍院」には必ず「龍」字を用いるなど、記主が何らかの理由を以て意図的に書き分けている可能性もあり、それについては今後の調査研究に委ねたい。

人物・人名については、特筆すべきものは「五、各冊解説」でそれぞれ触れ、以下では『九条家歴世記録　四』の人名注の訂正を兼ねて、幸家の室豊臣完子について詳しく述べる。

完子は、二代将軍徳川秀忠の御台（江、崇源院、浅井氏）が、前夫豊臣秀勝（豊臣秀吉の姉日秀の子、秀吉の養子）との間に儲けた女子である。秀勝が朝鮮の役中に病没、その後秀忠に再嫁するにあたり、完子は御台の実姉である淀殿のもとで養育された。慶長九年（一六〇四）六月に行われた幸家との婚儀は、豊臣家が摂関家とのつながりを重視してのことであったとみられるが、幸家にとって完子の存在は、豊臣家のみならず徳川方との重要な橋渡し役であった。江戸幕府将軍の御台が妻の実母だからである。秀忠と御台の息女で元和六年六月に後水尾天皇に入内した和子（東福門院）は、完子の異父妹にあたる。

日記中に完子は、「内儀」「若政所殿」と表記される。また夫婦は屋敷内に「余（幸家）蔵」「内儀蔵」と別々の蔵を所有しており、相互に金品の貸借も行っていた。慶長九年の輿入れに際して淀殿が誂えさせたであろう行粧の壮麗さは、『慶長日件録』同年六月三日条にも記されるが、相当の財力を持ち続けていたことが窺われる。

なお『九条家歴世記録　四』においては、「内儀」と「若政所殿」を別人と考え、前者を「（徳川完子）」、後者を道房の室「（徳川長子）」と傍注したが、これは誤りである。道房と、松平忠直の息女長子の祝言は寛永九年（一六

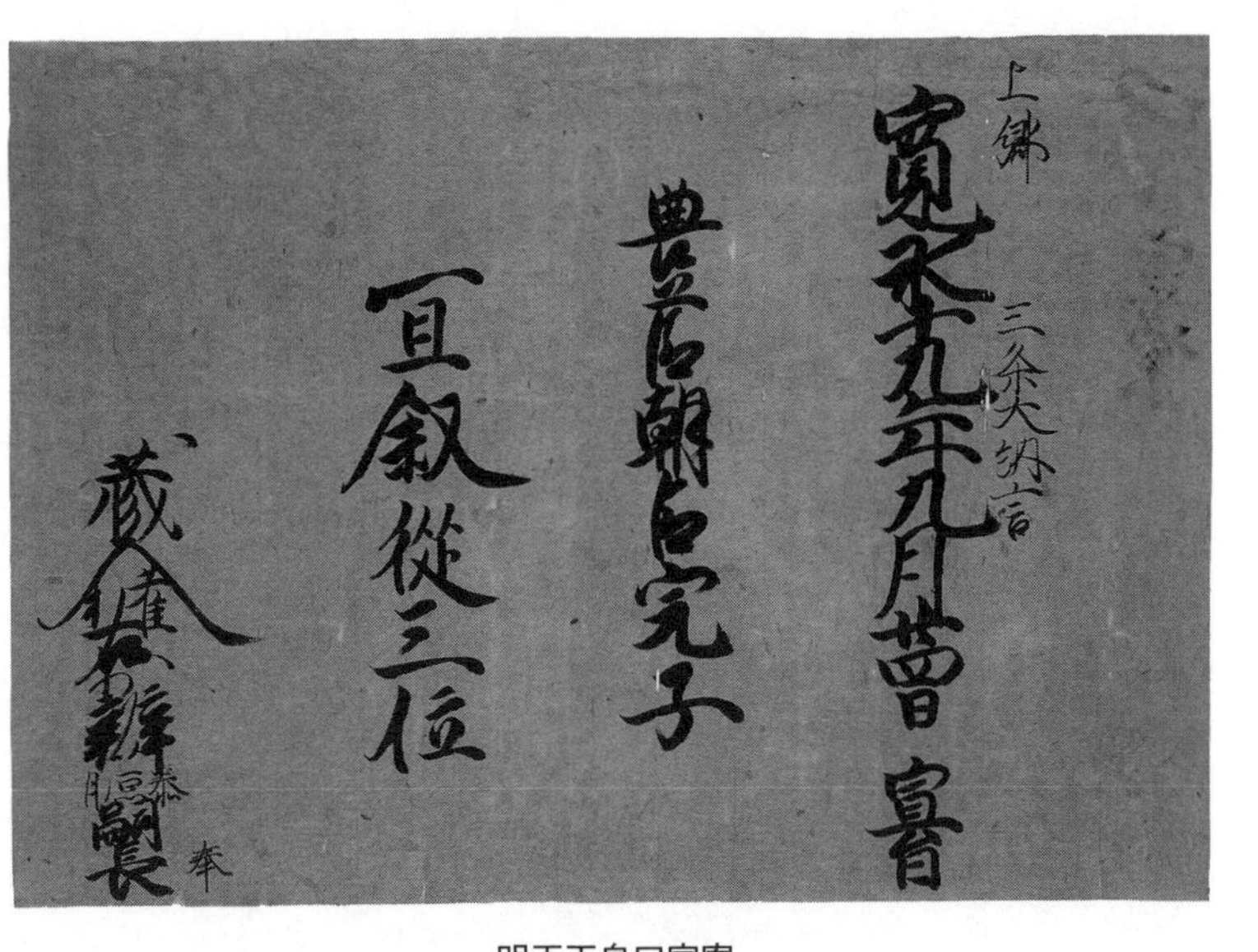

明正天皇口宣案

三二）十一月であることから、長子が「若政所」ではありえない。それは幸家の母高倉熙子の「大政所殿」に対する、完子の称として差し支えないであろう。

完子の注記についてだが、当部所蔵九条家本の中に、寛永十九年（一六四二）九月二十四日、完子が従三位に叙された口宣案（函号九・一六八八）が存し、「豊臣朝臣完子」と記される（図版参照）。これに従い、『九条家歴世記録四』で「徳川完子」と注記していたのを改め、本書においては「豊臣完子」に統一した。高倉熙子・近衛前子など、校訂上、女性名は氏でなく家名を採用することを原則としており、それに従えば羽柴完子とするのが相応しいが、分かりやすさを優先し、例外的に「豊臣」としている。

大坂の陣後、淀殿をはじめとする豊臣方の身内をほとんど亡くした完子であったが、父秀勝方の祖母にあたる瑞竜寺日秀が健在であり、『幸家公記』からも親交の深さが窺われる。日秀は秀吉の姉で、長男秀次の菩提を弔うため瑞竜寺を建立した。寛永二年生まれの、幸家と完子の娘（日怡）が、日秀の跡を継ぎ瑞竜寺に入ったのはこの縁による。

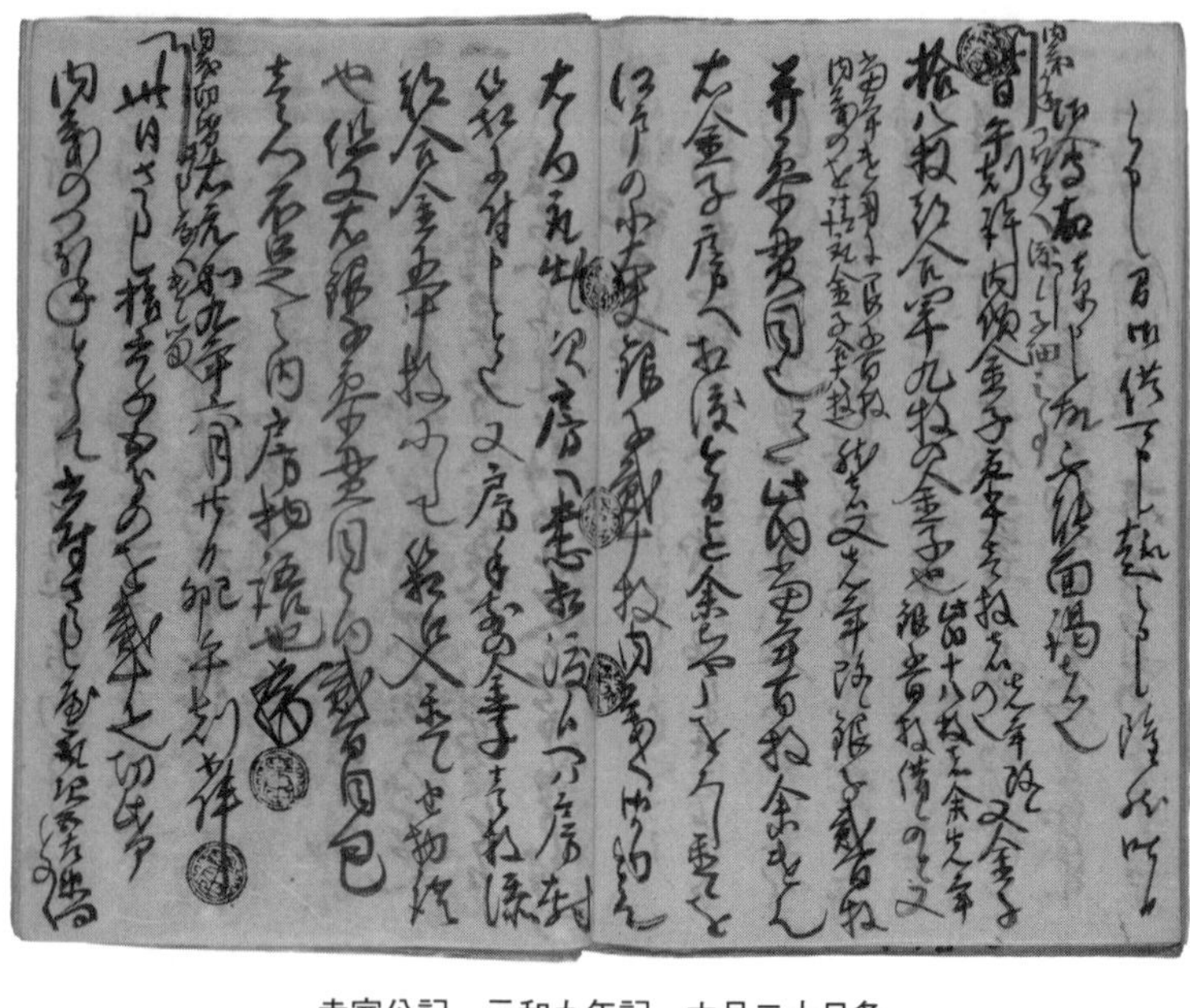

幸家公記　元和九年記　六月二十日条

三、印影について

『幸家公記』五冊本のうちの〔元和六年記〕・〔元和九年記〕および〔寛永二年江戸日記〕の三冊には、印影がある。すべて黒印で、①～⑤の五種類ある。中には印文の解読が困難な、糸印のようなものもある。

印①は、記筆とみられる「元和六年庚申、霜月十日癸未、自今日毎日々記」部分の下に押してあり、さらに全丁にわたり、見開き中央の綴目に、契印のように押され、総計五九ケ所に及ぶ。この印の使用は元和六年記の一冊のみで、他の冊にはみられない。

②は、〔元和九年記〕六月二十日条に押される。完子付きの局（「房」と表記）に幸家が渡した金子に関する記事で、印影は、本文三ケ所・見開き中央の綴目部分三ケ所に及び、とくに本文のうちの一ケ所は幸家花押の下にさらに押印するという念の入れようである（図版参照）。本日条そのものが証文のような意味を持っていたのではないだろうか。なお

印影一覧表

	印影	押印箇所（　）内は押印数	形状・寸法	印文
①	元和六年記　冒頭	**幸家公記〔元和六年記〕** 本文冒頭（1） 綴目部分（59）	円印 直径 約 27mm	（未詳）
②	元和九年記 六月二十日条 花押および印影 寛永二年江戸日記 第 6-7 丁綴目部分	**幸家公記〔元和九年記〕** 六月二十日条 本文（3）綴目部分（3） **幸家公記別記** **〔寛永二年江戸日記〕** 綴目部分（1）	円印 直径 約 22mm	（未詳）
③	寛永二年江戸日記 末尾	**幸家公記別記** **〔寛永二年江戸日記〕** 本文冒頭（1） 綴目部分（59）	円印 直径 約 22mm	文宝
④	寛永二年江戸日記 第 19-20 丁綴目部分	**幸家公記別記** **〔寛永二年江戸日記〕** 綴目部分（21）	楕円印 約 18mm ×10mm	（未詳）
⑤	寛永二年江戸日記 第 5-6 丁綴目部分（左側が上）	**幸家公記別記** **〔寛永二年江戸日記〕** 綴目部分（1）	方印 約 18mm ×17mm	歓

②は、〔寛永二年江戸日記〕の中にも、六丁目裏から七丁目表にかけての綴目部分に一ヶ所のみ用いられている。

③～⑤は、すべて〔寛永二年江戸日記〕に捺されたものである。③の印文は「文宝」。末尾の「此次別帳記之」の後に捺してあり、さらに本文中、一丁目裏から二丁目表にかけての綴目部分に一ヶ所使用される。

小判型の④は二〇ヶ所に及ぶ。すべて綴目部分である。

⑤は、唯一、九条家本の中から印章の実物が発見された。木製で、縦一・八cm×横一・七cm×高さ二・八cm。「上」と彫られた面があり、それを目印にすることで、印文の正しい向きが判明する。おそらく「歓」であろう。押されているのは一箇所のみで、〔寛永二年江戸日記〕五丁目裏から六丁目表にかけての綴目部分である。

九条家の蔵書印としてよく知られているのは「陶化」の印文を持つもので、図書寮文庫所蔵『後浄土寺道房公抄』（函号　九・五一二五、一三冊、九条道房公記の写本）などに認められる。これに対し、幸家公記の印①～⑤は、現在までのところ他の九条家本の中にはその印影が見つかっていない。しかし、ほとんどが綴目部分に契印のように用いられ、さらに金銭関連や日記の起筆部分など、記主が特に重視したと思しき箇所にも入念に押印されている。落丁や抜き取りに対する備え、あるいは内容の確認・保証などの意味があるとすれば、印は後世に別人が加えたというよりは、幸家自身が所持し、押していたとみるのが相応しいであろう。印文の解読を含め、今後の研究の進展を期したい。

四、幸家の著作・書写本について

当部所蔵九条家本にみる、日次記以外の幸家の著作には、次第書など政務や儀式に関するもの、和歌や源氏伝受に関するもの、即位灌頂に関するものなどがあるが、このほかに覚書や聞書といった、備忘のための心覚え・メモ書きの類がいくつか残されているのが特徴的である。

本書に収録した〔寛永二年記〕（八月～十月）は、そのうちの一つ『覚書』（九・五二九一）に合綴されていたものである。『覚書』は、袋仮綴じの冊子に備忘事項を書き付けたもので、内容は、古歌解釈（卯年〈元和元＝乙卯年カ〉六月八日）・連歌における作者名の書き様（元和八年五月二十七日、九条兼孝よりの聞書）・『玉葉』抜書（おもに夢想や祈禱に関する記事の抜書）・儀式次第の読み様（慶長年間カ、舟橋国賢よりの聞書）など多岐にわたり、書かれた年にもやや幅がある。〔寛永二年記〕は、この『覚書』を裏返し、余紙に書かれた。つまり、様々なことを書きとめた使い切っていない雑記帳が手元にあり、数年後、日記をつけるにあたり、その裏表紙を表に返して後ろから使用した、といったところである。こうした冊子の使い方は『幸家公記』五冊本のうちの元和六年・七年記にもみられる（『図書寮叢刊　九条家歴世記録　四』解題参照）。

幸家自筆のメモ書きの類としては、ほかにも『叙耳塵陶化抄』（九・五一一六、一冊）・『元号之事覚書』（九・五一三九、一冊）・『聞書』（九・一五二〇、一帖）などがある。このうち『叙耳塵陶化抄』は、元和六年十月～十一月の書き付けで、書く毎に年月日を明記しており、内容は、叙位不審条々（元和六年十月二十二日）・銅駄（二条家）の所有する箏の目録等（同年十一月二日、兼孝よりの聞書）・叙位関連事項や和歌撰集の事（同十月二日夜、兼孝よりの聞書）叙位次第に関する追記（同十一月二十九日）となっている。幸家自筆の表紙外題に『叙耳塵陶化抄』とある如く（陶化は九条家のこと）、叙位除目に関する内容が多いのは、幸家が翌年の叙位除目の役を後水尾天皇より仰せ付けられており、次第や作法の確認に専心していたからであろう。『幸家公記』は、ちょうど同じ月の十日条を起筆としており、しばらくは叙位除目に関する記事が目立つ。『叙耳塵陶化抄』の存在を考え合わせると、こうした重要な公事が日次記開始の契機となった可能性も十分考えられる。

ところで、以上のようなメモの類に共通するのは、兼孝からの聞書を書き留めている場合が多いことである。幸家は、摂関家としての振舞や公事の不審点については、逐一を父である九条兼孝に問い合わせた。やりとりの緊密さは『幸家公記』本文に散見、また兼孝が幸家の発問に対して丁重に応答するさまは、〔寛永二年江戸日記〕付属文書の一つ「九条兼孝勘返九条幸家書状」（「五、各冊解説」）からも看取される。幸家もそうした兼孝の言を重んじ、書き留めることを励行したとみられる。

一方で、先祖である藤原（九条）兼実への畏敬の念は強く、故実先例の参照に『玉葉』を用いることも常とした。元和九年八月二十二日に行われた後陽成天皇七回聖忌の法華八講に先立ち、『幸家公記』同月六日条には、「旧例」として、『玉葉』安元三年（一一七七）七月五日条が抜書されている。

寛永元年十一月十九日条に、「一、玉葉建久二年（一一九一）夏壱冊者　右二条殿へ今夜かし申候也、墨付百六丁有之」とみえることにも注目したい。『玉葉』のうち「建久二年記」を二条家に貸し出したという記事であるが、実際、書陵部所蔵『玉葉』九条家清書本（函号　九・一〇五三、五〇冊）の〔建久二年夏記〕の巻末には、「右玉葉建久二年夏、三縁院道教公真跡也、墨付百六丁有之、末苗従一位藤原朝臣忠栄、為後証記之者也、寛永元年霜月十九日（花押）」という同日の幸家識語があり、日記の記述と一致する。

『玉葉』九条家清書本とは、鎌倉時代前期に書写された『玉葉』の現存最古写本で、九条家においては最も大切にされた（『図書寮叢刊　玉葉　十四』解題参照）。それを実子である二条康道に貸し与えたということであろう。反対に幸家が、二条家の所蔵する『玉海』（二条家では『玉葉』を『玉海』と称す）を借りて写すこともあった。当部所蔵『玉葉』七冊本（函号　九・五二四四）のうち「長寛二年記」は、奥書に九条道房の筆跡で、「先年前殿下（幸家）以二条家門本令書写之給畢」とある。九条家清書本の中には当年記がみあたらず、それを補う目的で借用、書写したのであろう。

また、同じく当部所蔵の松殿道昭等写『玉葉』（函号　九・五二五〇、五〇冊）は、幸家の息男道昭（千代鶴）が、松殿家を再興相続するにあたり作成した、九条家清書本の写しである。道昭本人の没後、当該本は幸家の手元に戻された。幸家は慶安二年（一六四九）、そのうちの多くの冊に加証奥書を施し、さらに目録も作成して、一条家への貸し出しを行っている（『玉葉目録』函号　九・五二四七、一冊）。

このように朝儀が次々と復興へと向かう江戸時代初期、摂関家の間では『玉葉』が故実先例の規範とされた。そして幸家を中心に、貸借と書写が重ねられていったのである。

五、各冊解説

〔元和八年記〕共紙表紙外題「元和八次歳壬戌　日々記」。袋仮綴。料紙は楮紙。本文墨付枚数四枚。縦三〇・〇cm×横二一・五cm。元日条および七日条の記事を収める。幸家三十七歳。

元日節会と白馬節会の次第を記す。本冊には一つ書きの書式はみえず、専ら公事に関する記述に終始しているが、記主は幸家で間違いない。元日節会において御簾役をつとめており、主上が御倚子に着す際の御裾の処理について、先年「老父兼孝公」より秘事の作法を教わったと記すからである。

白馬節会において内弁を勤めた内大臣二条康道は、幸家の長男である。九条家と二条家のつながりは深く、幸家の父兼孝は、二条晴良の子であったが、のちに九条稙通の猶子となり九条家を相続した。一方で晴良の嫡男昭実には子がなく、そのため兄兼孝の孫にあたる康道を二条家に迎えたのである。幸家公記を通じて二条家との交流が頻繁にみられるのはこのためで、本冊においても、幸家は忠象（道房）・千代鶴（道昭）兄弟を伴って、白馬節会ににおける康道の内弁作法を見学させている。

〔元和九年記〕袋仮綴。料紙は楮紙。本文墨付枚数一三〇枚。縦三三・五㎝×横二三・三㎝。元和九年記は本来、墨付総数が二三八枚に及ぶ大部なもので、当部において分割製本したうちの後半部にあたる（前半部は『九条家歴世記録　四』に既収）。七月一日より九月八日までの約三ヶ月分の記事を収める。幸家は三十八歳。

七月、将軍宣下のために徳川家光が大御所秀忠とともに上洛。幸家も進物の献上や、伏見城における諸家惣礼に加わった。またこのとき幸家は、関白辞退につき将軍家の許諾を得、閏八月に関白を近衛信尋に譲っている。

この間、八条宮智忠親王の後水尾天皇猶子のことや、六条有能の千種家興立のこと、後陽成天皇七回聖忌追善法華八講などの記事がみえる。御八講の先例として、『玉葉』安元三年七月五日条を日記に書き写している。

家中のことでは、「あね姫」（成等院）と称される幸家の女子が東本願寺の宣如光従に輿入れしたのが八月三十日である。幸家の女子のうち「あね姫」は東本願寺に、その妹「祢々姫」は西本願寺に輿入れした。幸家公記を通じて、本願寺に関する記事が多いのはこのためである。「あね姫」は、嫁入後は「七条あね姫」「東七条御門主御内儀」「信浄院内儀」などと表記される。嫁入当日および前後の経過や、引出物などの金品の授受の記事が細かく書き留められている。

子息千代鶴の学文所のことも本冊に詳しい。千代鶴は当時九歳、六歳違いの兄である道房は、すでに東福寺内に学文所を構えており、それとは別に、同じ東福寺竜眠庵内の円通寺旧跡を以て千代鶴の学文所とした。建物の修繕を終え、千代鶴が初めて入寺したことが記される。

千代鶴は初め道基と称し、後に松殿の家名を再興相続、名を道昭と改めた（本冊での人名注記は松殿道昭に統一）。しかし正保三年（一六四六）に若くして没し、再興松殿家は一代限りとなる。なおその翌年には道房も幸家に先立って没することとなる。

〔寛永元年正月記〕共紙表紙外題「甲子歳正月」。袋仮綴。料紙は楮紙。本文墨付三一枚。縦三〇・一㎝×横二〇・九㎝。元和十年元日条より正月二十九日条の記事を収める。二月に寛永と改元。幸家三十九歳。

前年の十一月二十四日に行われた二条康道と後陽成天皇の第五皇女貞子内親王との婚儀に関連し、二条家との正月の贈答、および十四日には内親王の母中和門院（近衛前子）との対面についてもみえている。

このほか、連歌師「春重」との親交、四条河原歌舞伎見物の事（二十日条）、東福寺への参詣（二十一日条）などの記事がある。

また贈答目録の中に、「玉松殿」が三箇所みえる（四〜六日条）。いずれも必ず「大納言殿（道房）」「千代鶴殿」「玉松殿」の順で書かれており、この並びから推測すると、玉松殿は千代鶴の弟、すなわち後の随心院栄厳である可能性が高い。栄厳は元和八年生まれで、長じて幸家の弟増孝の附弟として随心院に入った。幸家は、元和九年四月十五日条に「玉松一両日已前ヨリ四五尺許つゝ歩行也」、同二十九日条に「玉松此四五日以来、大かたたつしやに歩砌申候、但いまたたど〳〵しき也」などと、玉松の生育ぶりを記している。この頃ちょうど一歳前後であろうか。翌寛永元年十二月二十九日条には「当年去十日玉かみをき」とみえ、この年に髪置を終えている。これらの記事から、やはり玉松は、元和八年生まれの栄厳の幼名として差し支えないと考えられるのである。

〔寛永元年六月記〕共紙表紙外題「寛永元年季夏」。袋仮綴。料紙楮紙。墨付枚数四〇枚、白紙九枚。縦二一・六㎝×横一五・二㎝。寛永元年六月一日条から同二十九日の記事を収める。

「祢々姫」との婚約が決まった西本願寺の「御児御所」（良如光円）と、その父で門主の准如光昭とが東九条亭を来訪することとなり、幸家は屋敷の普請などに余念がない。ところが以前からの母「大政所殿」（高倉熙子）の不調に加え、完子の腹病発症、道房の発熱など、家中の所労が絶えない月で、ついに幸家自身も体調を崩し、「万民此比相煩者多之乎」（十六日条）という状態であった。その後恢復し、門主来訪は二十二日に実現。曲舞の披露などがあった。

このほか馬の調教や馬具の新調、馬書についてなど、馬に関する記事が全般的にみられるのも本冊の特徴である。幸家自身も移動手段として馬に乗ることがあった（寛永二年十一月十五日条など）。月を通じて『古文真宝』の通覧も行っている。このほか、二条家から完子に贈られたという飼猿の記事も興味深い。犬に咬まれてしまい、苦しげな猿に飲ませた「アイス」とは、当時、薬用として輸入栽培されていたチョウセンアサガオの異名であろうか。

〔寛永元年冬記〕共紙表紙外題「寛永元年初冬霜月極月日記」。袋仮綴。料紙は楮紙。本文墨付九六枚。縦二八・四㎝×横二〇・九㎝。十月一日条より十二月二十九日条の記事を収める。

「祢々姫」と良如光円との婚儀が来春に決まり、江戸や西本願寺との贈答、婚礼道具の誂えなどの記事が多い。十一月九日条に記された人数写からは、西本願寺が包括する所帯の大きさが伺われる。しかし、「祢々姫」（貞梁院）は、嫁してのち寛永九年（一六三二）十二月に、二十歳で没した。『扶桑拾葉集』巻第三十に収録される藤原（九条）幸家作「娘を悼める辞」、および『八洲文藻』巻八十七に収録される藤原（九条）道房作「悼妹辞」は、ともにこの時に作られたもので、悲嘆のほどがしのばれる。

また、年頭から、幸家の母「大政所殿」（高倉煕子）の体調が良くないことがたびたび見えていたが、ついに十二月十二日、臨終となった（東陽院）。一方で、その葬礼の慌ただしいさなか、二条康道と貞子内親王との間に若公（後の二条光平）が誕生している。

こうした身内に関わる記事のほか、十一月には後水尾天皇女御和子（東福門院）の中宮冊立のことが特記される。徳川秀忠と御台との間に生まれた和子は、幸家の室完子の異父妹にあたる。元和六年六月の入内に際し幸家が奔走したのも、当時、現役の関白であったことに加え、和子が妻の縁者にあたるからだろう。なお、中宮冊立に先立ち、前年に生まれた和子所生の第一皇女（興子内親王、後の明正天皇）の髪置の儀についての記事もみえる。

〔寛永二年記〕共紙表紙外題「座当覚」。袋仮綴、料紙は楮紙。墨付枚数七枚。縦一五・九cm×横二一・六cm。九条幸家記『覚書』に合綴される。「乙丑年（寛永二年）」八月二十七日より十月五日の記事を収める。外題にもある通り八月二十七日条は、公事（相論）の結果、不座（除名）処分となった座頭の名と、その理由を記す。座頭は平家語りを職能とし、中世以来、公武の貴顕が好んで聴聞した。『幸家公記』元和九年八月三十日条によれば、「あね姫」の東本願寺への輿入れの際に座頭四・五人が祝儀の銭を進上しており、九条家への出入りが窺える。不座となったうちの一人「本島」は、幸家の江戸下向時に贈答のあった「本島ケンギャウ」（寛永二年十一月十七日条）と同一人の可能性が高い。また、「当将軍さまの　山川」とは、徳川家光に近侍した山川貞久（検校城管）のことであろうか。

九月以降には、十一月の江戸下向に関連する記事がみえる。下向に際しては大乗院門主と同道しており（寛永二年十一月十五日条）、十月十二日条によれば、その打ち合わせを鷹司信房の屋敷で行っている。門主信尊は信房の実子で、幸家にとっては従弟にあたる。

なお本冊および次の〔寛永二年江戸日記〕では、日課として、陀羅尼真言諷誦や看経を行っているが、これは前年の寛永元年十二月二十六日に、観智院亮盛より諸真言を伝受したためであろう。

〔寛永二年江戸日記　付、文書二通〕共紙表紙外題「寛永弐乙丑年霜月十五日庚申、今日江戸参着已後日記」。袋仮綴、料紙は楮紙。墨付枚数二四枚。縦三二・四cm×横二四・二cm。寛永二年十一月十五日より同二十一日の記事を収める。また、仮綴の紙縒に二通の文書が括りつけられており、これらも翻刻に加えた。幸家四十歳。四度目の江戸下向に際しての記録である。

江戸に着いた幸家一行は、まず品川宿に一泊の後、西福寺（もと三河に在り、江戸開府に伴って現在の駿河台下に移設された西福寺のことか。国立国会図書館所蔵「武州豊島郡江戸庄図（寛永頃刊）」にも見える。）へ移り宿所とした。幸家の母方の従兄弟にあたる堀河康胤と樋口信孝の兄弟も同行している。下向の名目は、将軍代替りの御礼（『吉良家日記』）だが、併せて道房の縁談などを幕府方に打診している。二十一日に江戸城本丸へ観能に招かれ、将軍家光と盃を交わす。

家光・秀忠父子とその御台たち、幕府老衆などへの贈答も細かく記される。幸家にとって、秀忠の御台は妻の実母にあたり、家光の御台（鷹司孝子）は父方の従妹にあたる。前々年の娘の輿入れによって東本願寺と縁戚になったためか、滞在中には江戸付近の本願寺衆の礼を受けることもあった。

また、藤堂高虎と神尾守世のそれぞれの私宅へ茶会に招かれている。藤堂・神尾とも、ほかの冊にもその名が散見される人物である。

藤堂高虎は、もと豊臣家の家臣で後に家康に仕え、文化人としても知られた。元和六年の和子上洛の供奉を勤めるなど、入内に奔走したことが知られており、幸家との交誼はその頃からではないだろうか。なお茶の湯に招かれた際に幸家は、土産の一つとして、瑞竜寺日秀から高虎にと託された繻珍（繻子織の一種）二巻を持参している。豊臣家と旧臣との交流が窺われる。

一方、神尾守世は、徳川家康の側室であった阿茶局の子である。阿茶局は、かつて神尾忠重との間に守世・守繁の二男を儲けており、忠重の没後、家康に見いだされると、兄弟も共に徳川家に仕えた。局は秀忠の信頼も厚く、和子入内に際して准母役を勤めており、その功によって後水尾天皇から従一位を授けられている。九条家にも深く関与し、「一位殿」「雲光院一位殿」と称され、「ちゃちゃ」「るり」「きい」など局に仕える側近の女性とともに、『幸家公記』にたびたび登場する。仕女の中には大坂衆もいたという（元和六年十二月二十七日条）。公武に広く顔が利き、なおかつ旧豊臣方とも通じた阿茶局は、『幸家公記』に登場するキーパーソンの一人といえるだろう。

最後に、本記の表紙の綴目に、紙縒で結びつけられていた文書二通についても述べておきたい。二通のうち、「人足つもり」と端裏書された一通は、江戸下向時の人足についての書き上げとみられる。もう一通は、幸家の書状に書き込まれた父兼孝の勘返状である。端裏書に、「丙寅年仲春（寛永三年二月）十一日、但去年（寛永二年）各の御祝義、中宮さまよりまいり候、禅閤御所銀子御遣方尊書」とある通り、兼孝・幸家父子の金銭をめぐる遣り取りである。兼孝が、中宮和子から拝領した銀子の使途について、幸家に詳しく報告している。江戸下向と直接関連はないが、寛永二年のものであるため、一緒に結びつけられていたのだろう。

図書寮文庫所蔵九条家本の中にはこのほかにも、『九条兼孝勘返九条幸家書状（元和元年　位署書の事）』（函号九・一〇〇一二、二通）、『九条兼孝勘返二条康道消息（寛永五年　春除目の事）』（函号　九・四一二、一通）などの兼孝勘弁状が存する。いずれも本文書と同様、子息たちから書面を以て尋ねられた様々な事柄に対し、兼孝が詳細かつ丁重に勘返を加えている様子が伝わるものである。

付図　九条幸家関係略系図

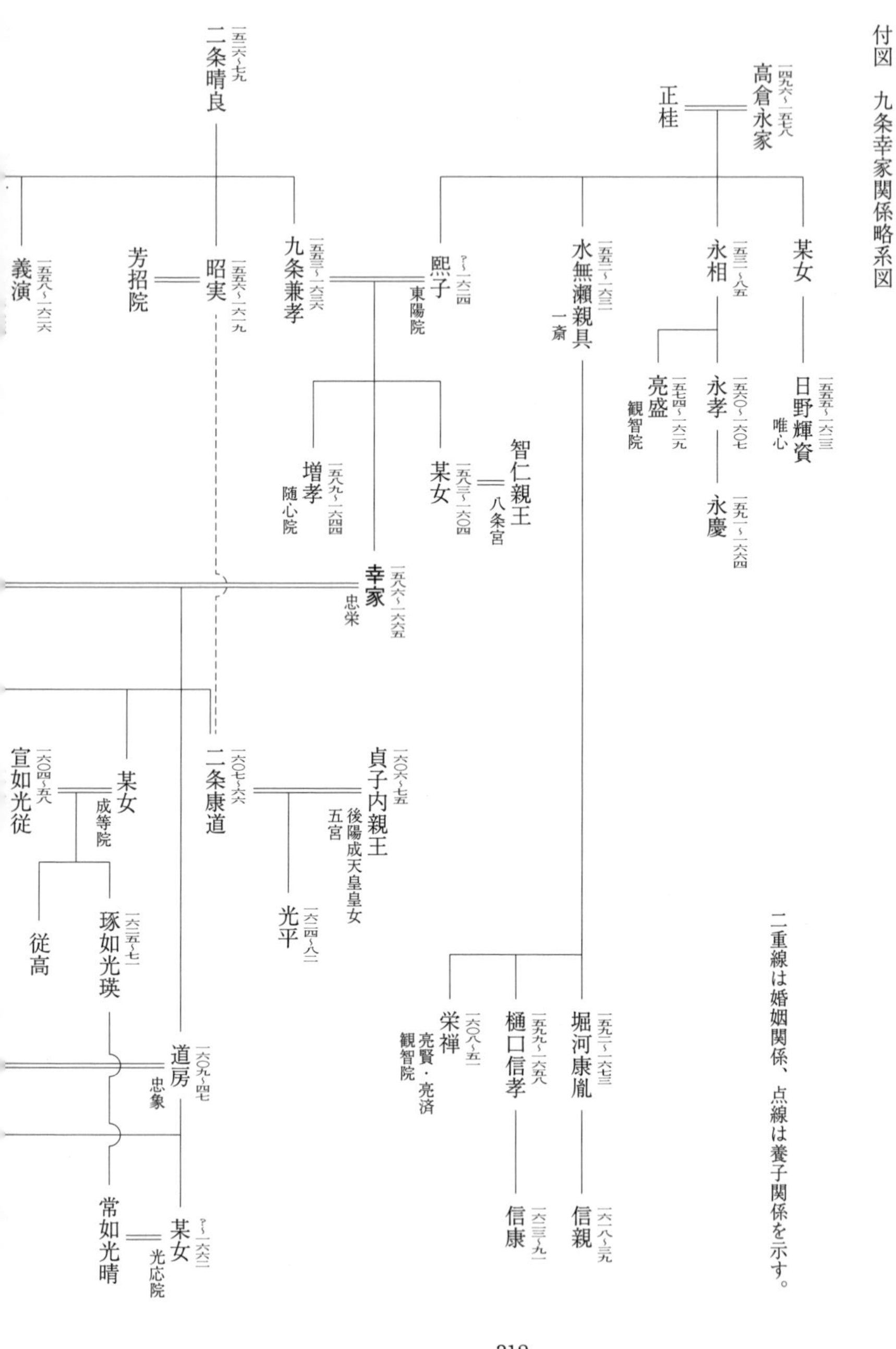

二重線は婚姻関係、点線は養子関係を示す。

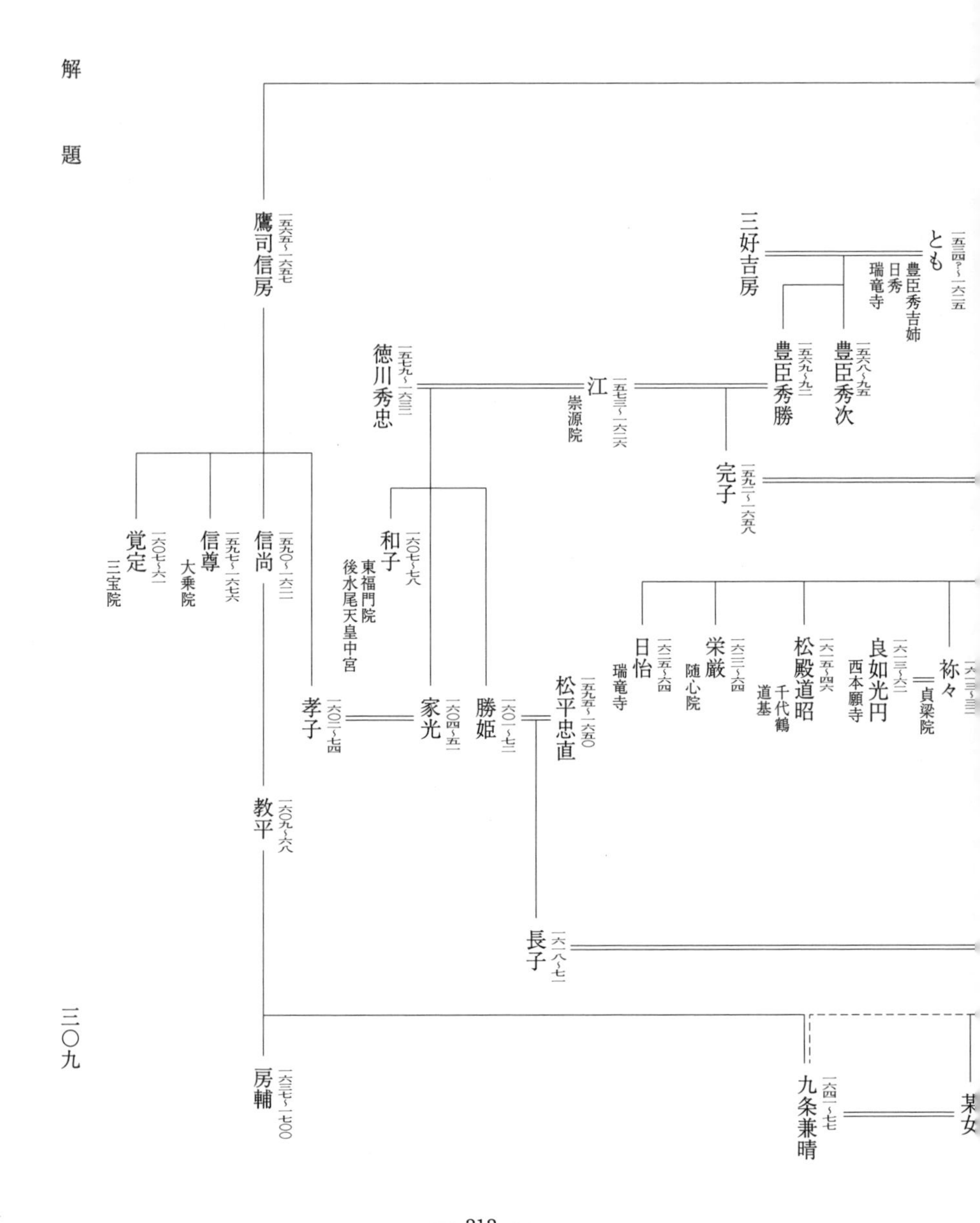
鷹司信房 一五六五～一六五七
三好吉房
とも 一五三四?～一六二五 豊臣秀吉姉 日秀 瑞竜寺
豊臣秀次 一五六八～九五
豊臣秀勝 一五六九～九二
徳川秀忠 一五七九～一六三二
江 一五七三～一六二六 崇源院
完子 一五九二～一六五八
覚定 一六〇七～六一 三宝院
信尊 一五九七～一六七六 大乗院
信尚 一五九〇～一六二一
和子 一六〇七～七八 東福門院 後水尾天皇中宮
日怡 一六二五～六四 瑞竜寺
栄厳 一六二三～六四 随心院
松殿道昭 一六一五～四六 千代鶴 道基
良如光円 一六一三～六二 西本願寺
祢々 貞梁院
孝子 一六〇二～七四
家光 一六〇四～五一
勝姫 一六〇一～七二
松平忠直 一五九五～一六五〇
教平 一六〇九～六八
長子 一六一八～七一
房輔 一六三七～一七〇〇
九条兼晴 一六四一～七七
某女

図書寮叢刊　九条家歴世記録　五

平成三十年三月三十日　第一刷発行

著作権者　宮内庁

発行所　公益財団法人　菊葉文化協会
郵便番号一〇〇―〇〇〇一
東京都千代田区千代田一番一号
電話〇三―五二二二―〇〇一二

発売所　株式会社　明治書院
東京都新宿区大久保一―一―七
郵便番号　一六九―〇〇七二
電話　〇三-五二九二-〇一一七
振替　〇〇一三〇-七-四九九一

印刷＝株式会社　三陽社

ISBN978-4-625-42427-4